碰撞融合

WHEN CHINA ENCOUNTERED THE WEST

中国与西方的交流

刘德斌 杨 军 ◎主编

杨 军 金 鑫 聂智昊 ◎编著

世界知识出版社

图书在版编目（CIP）数据

碰撞融合：中国与西方的交流 / 杨军，金鑫，聂智昊编著；--

北京：世界知识出版社，2012.10

（解说中国 / 刘德斌，杨军主编）

ISBN 978-7-5012-4361-7

Ⅰ.①碰… Ⅱ.①杨… ②金… ③聂… Ⅲ.①中外关系—文化

交流—文化史—研究—古代 Ⅳ.① K203

中国版本图书馆 CIP 数据核字（2012）第 235468 号

书　　名	碰撞融合：中国与西方的交流
作　　者	杨　军　金　鑫　聂智昊
责任编辑	王瑞晴　蔡金娣
责任出版	王勇刚　赵　玥
出版发行	世界知识出版社
地址邮编	北京市东城区干面胡同51号（100010）
电　　话	010-85112689（编辑部）
	010-65265923（发行部）
网　　址	www.wap1934.com
印　　刷	北京新华印刷有限公司
经　　销	新华书店
开本印张	700×960毫米　1/16　14¾印张
字　　数	181 千字
版次印次	2013年1月第一版　2013年10月第二次印刷
标准书号	ISBN 978-7-5012-4361-7
定　　价	36.00 元

主编序

中国与世界的关系正在经历一场历史性的变化。这场变化不仅体现在中国与这个世界更为深入地融合在一起，而且也体现在中国对世界和世界对中国认识的变化上。

中国曾经是"东亚病夫"，积贫积弱。辛亥革命终结了清王朝的统治，但却没有能够挽救中国沦为西方列强和日本半殖民地的命运，中国在四分五裂中任人宰割一百多年！中国也曾经是"世界革命的摇篮"，1949 年革命成功，独立、统一（除香港、澳门、台湾外）的新中国先后公开与美、苏两个超级大国相对抗。曾几何时，中国又变成了"世界工厂"，为全世界生产物美价廉的生活用品，同时也成为石油、矿石、谷物、汽车、飞机等大宗商品以及各种奢侈品最主要的消费国。无疑，对比过去的"贫弱"和"革命"时代，今日之中国对这个世界是一个更具建设性和开放性的国度，也应该是一个更容易被世界所了解和理解的国度。

但事实上，正是中国这个"睡狮"真正"醒来"并开始"震撼"世界的时候，她却变得更容易被人曲解和误解了。读者不难发现，随着中国的发展壮大，国际学术界和媒体关于中国的看法也变得更加极端，从"中国崩溃论"到"中国威胁论"，从"中国责任论"到"中国统治论"，应有尽有。当然，也有关于"中国模式"、"中国道路"和"中国经验"等的讨论和探索。改革开放三十年之后的中国成了一个世界之"谜"，因为中国用几十年的时间，实现了许多国家需要几个世纪才能实现的时代跨越，没有人能够完全令人信服地解释出个中缘由。围绕这个"谜"，世界各国的中国学家都在进行新的探索，世界各主要国家中国学的内涵不断扩大，从事中国学的专业人员也大大增加了。同样在中国，改革开放三十多年来，当不同学科的学者都在学习和借鉴西方的理论和经验，努力构建"具有中国特色的"学科理论或"中国学派"时，蓦然回首，却发现我们现在缺少的已经不是对西方学术理论的了解，而是对"中国故事"的解读，是对中国与世界关系历史与现实关系的新的认知。中国学者与海外学者的中国学研究正在汇聚，无论我们怎么界定，"汉学"、"新汉学"或"中国学"正在以一种新的面貌展示在世人面前。

当然，对迅速变化着的中国的了解和理解不可能也不应该仅仅是象牙塔内顶尖学者的责任，而是应该和任何一种关心中国历史、现实和走势的中国人和外国人的经验联系在一起。在这之中，包括中国的学生、学者和社会各界有识之士，特别是那些肩负重任，走出和即将走出国门以传播中国语言和文化、增进世界各国对中国了解为己任的"文化使者"，也包括那些来到中国或在其他国家以中国研究为专业的外国学人。首批推出的《解说中国》系列丛书，就是为想要深入了解中国的中外读者提供一个对当代中国比较全面的描述。作者不求以惊世骇俗的"高论"制造轰动效应，而是以娓娓道来的方式，把一个承载着几千年文化传统，在经历了灾难深重的存亡危机之后，快速赶超上来的现代中国多侧面地展现在读者面前，让读者自己去思考、交流和判断：什么是中国？中国是一个怎样的国家和民族？中国发展道路的独特性究竟在哪里？中国未来的发展趋势是什么样的？

从历史的眼光看，中国与世界关系的变化才刚刚开始，这种变化的根源和前景可能远远超出我们现在的判断和预期。世界需要认识一个新的中国，中国当然也需要认识一个不断变化着的新世界。《解说中国》系列丛书的作者和编者都是中青年学人，他们是中国与世界关系变化的思考者，也是解读当代中国变迁的探索者。他们愿以自己的作品启发读者的讨论，同时也欢迎有识之士的批评和指正。

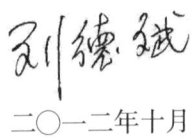

二〇一二年十月

目录

绪论

发源于黄河流域的中华文明，很早就已经顺流而下，发展至东部的沿海地区，受阻于茫茫大海之后，中华民族开始转而向西方发展。

早在先秦时期，有关西方昆仑圣山、山上的神仙西王母有不死之药的传说，就已经透露出一些关于中国西部的信息。《穆天子传》记载的周穆王的远行，其终点站究竟在今天何处，学者们的看法尚不能统一，但是，这是中国古人一次向西的远行考察却是没有疑问的。因此我们说，可能自西周时期开始，中国人就已经给予西方世界以高度的关注。

可能也是在这一时期，印度天文学家发现的二十八宿理论开始传入中国，并成为中国古代天文学的基础。也许，与之相伴随，还有一些印度次大陆的古老神话故事也传入中国，并被糅合进中国的古老神话之中。这一切都证明，先秦时期已经存在一条中国与西域交通的路线，中国与西域之间已经存在着文化方面的互动，中国向西发展并不是张骞通西域之后才开始的。

但是，张骞通西域之后，汉王朝建立西域都护府，对今天中国的新疆以及部分中亚地区建立起牢固的统治，保证了贸易路线的畅通，这有力地推动了丝绸之路走向繁荣。

先秦时期，可能中国商人已经进入中亚。据希罗多德《历史》的记载，当时欧洲也有商人前往中亚一带贸易，《历史》里所记载的东方部族的故事证明，当时的欧洲人对黑海、里海乃至咸海一带的情况并不陌生。一个有趣的问题是，中国商人与欧洲商人是否在中亚相遇？或者换句话说，此时期中国与欧洲之间是否已经出现了直接的交流？遗憾的是，据现代学者的研究，答案应该是否定的。虽然中国商人可能已经进至咸海以北，欧洲商人可能已经远达阿尔泰山以北，但是，因为习惯的路线不同以及贸易地区的差异，中国商人和欧洲商人在中亚失之交臂。这是历史上中国第一次与西方世界擦肩而过。

在张骞通西域之后，中国对西方的了解大大地增加了。最晚在三国时期的文献中，我们已经发现了对"乌迟散城"的记载，而当代学者多认为，"乌迟散城"就是罗马帝国控制下的埃及亚历山大港。对罗马帝国的欧洲部分的记载也逐渐丰富起来，中国的历史学者们，甚至能够对共和时期的罗马政体进行描述，这毕竟是与中国人习惯的君主集权体制大相径庭的政治制度。

但是，丝绸贸易的空前发展，却令人意想不到地对中国与欧洲的交往形成了阻力。当中国派甘英率一个使团出使罗马帝国时，在中亚，受到帕提亚帝国的有意欺骗和阻挠，以至于他们主动放弃了这次出使。这是历史上中国第二次与西方世界擦肩而过。

我们甚至难以估量，汉帝国与罗马帝国如果建立起直接的联系，将可能怎样地改写人类的历史。

至少通过中国的文献记载我们可以感觉到，中国对于欧洲的了解越来越多，但是，从大量模糊的资料中我们却无法肯定，经历漫长的历史时期之后，中国与欧洲之间是否建立起了直接的联系。

中国与欧洲之间，间接的联系始终是存在的，有时候，两者之间的历史进程还具有明显的关联性。汉王朝与匈奴人建立的草原帝国之间的决战，在持续数十年之后，最终导致了北匈奴在战败之后西迁，在历经近四个世纪的迁徙与周折之后，匈奴人出现在欧洲，被其击溃的哥特人进入罗马帝国境内避难，由此引发的一系列多米诺式的民族迁移浪潮，以及所引发的动乱，最终导致了西罗马帝国的灭亡。匈奴人的最后一个单于阿提拉，也成为欧洲人耳熟能详的历史人物。

也有学者认为，继匈奴人之后进入欧洲的阿瓦尔人，就是见于中国史书记载的柔然人。如果这种推测能够成立的话，阿瓦尔人的迁徙，是又一次源自中国的引起欧洲多米诺式民族迁徙浪潮的重大历史事件，也反映出中国与欧洲历史进程的相关联性。

此后，罗马帝国崩溃后的欧洲，与汉王朝瓦解之后的中国，都忙于应付内乱，彼此对外部世界的探索都中止了。新兴起的草原民族突厥人逐渐成为沟通东方与西方的桥梁。美国著名内亚史专家丹尼斯·塞诺认为，草原游牧世界的重要历史功绩之一，就是连接与沟通不同地域的农耕文明，包括中国与欧洲，这一点在突厥人身上得到了最好的证明。

但是，在受到唐王朝的打击，东、西突厥帝国相继灭亡以后，突厥人的对外移民，却没有沿着从前的匈奴人和阿瓦尔人的道路，进入东欧，而是向西南，越过阿姆河、锡尔河进入了中亚和西亚各地，在一个多世纪以后，突厥各部成为左右阿拉伯帝国的一股新兴起的政治力量，并在皈信伊斯兰教之后，最终建立起突厥民族的伊斯兰帝国，这就是奥斯曼土耳其。时至今日，突厥民族仍旧是西亚四大民族之一，就是这一时期的历史进程在当代仍旧存留的印记。

在灭亡西突厥之后，唐王朝在西域的势力达到极盛。几乎与此同步，在其西方的阿拉伯帝国也走向了鼎盛时代。阿拉伯帝国的势力一直延伸到今天的伊比利亚半岛，无形中对欧洲形成了半包围，阻断了欧洲的对外联系，也阻断了中国与欧洲进行直接接触的可能。

唐王朝与阿拉伯帝国之间的关系基本上是和平的。双方间唯一一次大规模的军事对抗，在中亚进行的怛（dá）罗斯之战，以唐王朝的战败而告终。盛唐时代的中国也未能与欧洲之间建立起直接的联系，这是历史上中国第三次与西方世界擦肩而过。

很难与外部世界进行交流与互动的欧洲，步入了中世纪的黑暗，而在怛罗斯之战以后不久，中国爆发了安史之乱，熔铸多元文化的盛唐文明衰落下去，中国也陷入了分裂与对峙之中。

公元 9 世纪似乎可以称得上是一个"解构"的时代，蒙古草原上的回鹘汗国瓦解，青藏高原上的吐蕃政权瓦解，大唐王朝和阿拉伯帝国的阿拔斯王朝非常类似地陷入藩镇割据的混战之中，唐朝的皇帝和阿拉伯帝国的哈里发同样的名存实亡。在这样一个混乱的世界里，中国与欧洲之间建立直接的联系已经是不可能的了。

或许，蒙古人的出现，就是对 9 世纪以来持续的世界碎片化趋势的反动。依靠强悍的武力，特别是游牧民族的高度机动性，以及残酷的杀戮，蒙古帝国在欧亚大陆上实现了空前的统一。蒙古人不仅在中国消灭了长期分裂对峙的金、南宋、西夏、大理、吐蕃、西辽等政权，使中国重新走向统一，而且通过三次西征，消灭了中亚、西亚各地的伊斯兰割据势力，使阿拔斯王朝寿终正寝，并将东欧波兰以东的全部地区都纳入蒙古人的统治之下。如果不是埃及马木路克的军队在叙利亚草原与蒙古骑兵的决战中获胜，看来蒙古人还很有可能会冲入非洲。

这一次，欧洲主动地前来联系蒙古人，教皇的特使深入草原去谒见蒙古人的大汗。他们希望能够劝说蒙古人停止对基督徒的残酷屠杀，当然，如果能劝说大汗接受基督教，或者是与基督教世界联合起来对付伊斯兰世界，那就更好了。面对十字军东征的不可避免的失败，欧洲也正在思考对付伊斯兰世界的新方法，也许在某些人看来，蒙古人来得正是时候，他们对伊斯兰世界的冲击，正是欧洲基督教世界想做却一直未能做到的事情。

但是，由于对欧洲基督教世界不甚了解，更由于一系列军事成功造成的蒙古统治者的傲慢心态，蒙哥大汗在回信中只是以统治者的口吻要求罗马教皇归顺，却并未考虑如何与欧洲基督教世界相合作的问题。因此，尽管蒙古人在西征以后，在俄罗斯草原建立了蒙古四大汗国之一的金帐汗国，却并未加强与欧洲的联系，金帐汗国的注意力始终是面向东方的，倒是立国于伊朗高原的伊利汗国，曾经为了对付同族的金帐汗国，而一度遣使欧洲，寻求同盟者。这是历史上中国第四次与西方世界擦肩而过。

宋元时期，经历长期的技术发展，中国的海上航行终于达到了一个高潮。中国的对外贸易由以陆路为主转为以海运为主，海上丝绸之路步入繁荣。作为这一繁荣的顶峰，在明朝初年出现了郑和七次下西洋的壮举。在长达30年的时间里，郑和率领明朝的庞大船队七次出海，无论是其船队的规模、技术，还是船的吨位，都是此后发现新大陆的哥伦布和完成环球航行的达·伽马的船队所无法相比的。郑和的船队曾经到达东南亚、印度、阿拉伯半岛、波斯湾，以及东非的很多地区，甚至有学者推测，郑和的船队可能已经完成了环球航行，但是，却没有证据表明，郑和的船队曾经到达过欧洲。这是历史上中国第五次与西方世界擦肩而过。

此后的中国走向了闭关锁国，只有等待着欧洲来发现中国了。

最早来发现中国的欧洲人是基督教的传教士。在明末清初，基督教在华传播取得了一定的进展，传教士成为沟通东西方文化的桥梁，他们将中国传统文化介绍到西方，并对欧洲的发展有着一定程度的影响。起源于英国的公务员考试制度，实际上就是受中国科举考试启发的产物。但是，由于"礼仪之争"，导致康熙皇帝禁止基督教在华传播，这一短暂的中国与欧洲之间的交往也就戛然而止了。这是历史上中国第六次与西方世界擦肩而过。最终，中国与欧洲的直接面对，就是近代欧洲列强以武力强行打开中国的国门了。

历史上，中国与欧洲曾经有过和平接触的契机，但遗憾的是，却一次又一次地失之交臂。如果抓住历史的机遇，也许，后来那种中国与欧洲的不愉快相遇本来不是不可以避免的，人类的历史可能也会早就步入另一条轨迹。为了把握好明天可能来临的机遇，我们有必要对这段历史进行反思。

中西方
的初次遭遇

中国史书记载，中西交通的开始是在汉武帝时期，这种说法现在看来显然是过于保守的。虽然我们不能对中国与域外的交往给出一个明确的时间界定，但是可以肯定的是，在汉武帝之前，中西之间的遭遇时有发生。不管是古史传说中的黄帝四征不庭，登昆仑之丘；尧、舜、禹西游，见西王母；还是穆天子西征；乃至秦穆公称霸西戎，拓地千里，都是中西遭遇的典型代表。

汉武帝通西域之后，中国和西方的交通与交流日益扩大，并正式走向今中国之外的地区，中西方的遭遇也逐渐走向规范化和国家化。中国与西方的碰撞正式展开。

传闻中的异域

汉武帝通西域之前，中国与西方之间的直接接触虽然不多，但是双方都互有耳闻。虽然传闻有差异，却反映了当时的中国人对遥远西方的认识，和西方人对东方世界的了解。

传说中华民族开国之祖黄帝，征战天下，最西曾到达昆仑之丘。虽然学者对昆仑所在地说法不同，但是较为准确的说法应该是位于今新疆的于阗。又传说黄帝曾经派遣伶伦出使大夏，也就是西方史书中记载的巴克特里亚，在今阿姆河南岸。大夏国在公元前 3 世纪左右建国，张骞出使西域时曾经到达过大夏国。不管这些记载是否值得我们相信，这毕竟反映了古时人们对遥远西方的了解，以及当时华夏民族与西方世界的早期接触。

三皇五帝时期，毕竟太过遥远，反映西周时期一段历史的书籍——《穆天子传》，是一部记载周穆王西巡史事的著作，书中详细记载了周穆王在位 55 年内率师西行的盛况。

《穆天子传》发现于西晋太康二年（281 年），在今河南汲县的一座战国时期的楚墓中，历史学界通称为"汲冢竹书"。《穆天子传》共分六卷，前五卷详细记载了周穆王驾八骏马（赤骥、渠黄、绿耳、盗骊、骅骝、白义、逾轮、山子）西征之事。书中详细记载了周穆王西征的路线：首先由今河南漳水出发，北至井陉（xíng），而后到内蒙古，向西渡过黄河，至西宁，然后到达青海黄河之源；再之后由河源出发到达于阗昆仑，再至舂山（今葱岭），至赤乌国（在舂山西三百里，今塔吉克族的先世）。然后，周穆王北征东返，至群玉山，由群玉山西征，至铁山，再西行三千里，到达西王母统治的地方，与西王母宴饮酬酢。

甚至有学者认为，周穆王所驾的八匹骏马也并非来自中原，中原自古不是产马之地，这些马当是来自居住在华夏族以西或以北的游牧民族。

西周初年，在其遥远的西方是古代波斯，当时两国之间可能已经存在直接的交往。《穆天子传》中甚至记载了周太王亶（dǎn）父封其嬖臣长季绰于舂山之虱，妻以元女的故事。而古代波斯诗人费杜西（Firdusi）在《帝记》（原名《沙那美》，Shahnameh）一书中，也曾记载了古波斯与中国的许多交往，其中就有波斯王哲姆锡特（Jamshid）娶马秦国马王汗之女的记载。对比两者的内容，我们不难猜想：马王汗，极有可能就是周太王亶父，而哲姆锡特亦很可能是周的嬖臣长季绰的转音。如果这种说法能够成立，显然在西周初年中国已经与远在西方的古波斯帝国建立起了密切的联系。

另外，在《穆天子传》中甚至还有对舂山之下"悬圃"的描述，悬圃的种种情形，不仅使我们联想到举世闻名的巴比伦空中花园。这也许是那些曾经到过巴比伦城的远方来客，对这座古代世界最伟大的辉煌建筑的模糊记忆。

除了《穆天子传》中有对西王母、昆仑山的描述之外，在中国另一部神话性质的著作《山海经》中也有对他们的描述。另外，夸父逐日的故事也有可能反映了远古时期的部落向西北的一次民族迁徙。《山海经·大荒西经》和《海外西经》中还描绘了一个"沃民国"，地处是比"西王母"更西的地方，那里生活着一群长有翅膀的民族。后世学者研究认为，这些记载尽管有些荒诞，但实际上反映了当时中国对西亚两河流域的最初了解，因为鸟行人和大鸟的图像是西亚乌拉尔图和亚述的民族标志。

不管《穆天子传》、《山海经》的记载是否属实，我们都可以在这些故事和传说的背后，看到远古先民对西方世界的渴望和向往。

传说秦始皇的祖先善于养马，西周武王将秦地封给他作领地。公元前770年西周灭亡，周平王东迁，秦襄公护送有功，被封为诸侯，秦国这才正式建国。大约经过了百年左右的时间，秦国积蓄了庞大的力量，至秦穆公（公元前659—前621年）时期，秦国已十分强大。

由于受到了强大的晋国的阻碍，秦穆公不得不向西发展。在当时的陕甘宁一带，生活着许多戎狄的小国和部落，如陇山以西有昆戎、绵诸、翟，洛川有大荔之戎，泾北有义渠、乌氏、朐（qú）衍之戎，渭南有陆浑之戎，等等。这些戎狄生产落后，常常袭击秦国边境，掠夺粮食，给秦国造成巨大的损失。秦穆公采取先强后弱、次第征服的策略，先消灭了最为强大的绵戎，随后乘胜追击，先后灭掉了12个西戎小国，开地千里，遂霸西戎。

根据西方史学家对这一问题的研究，秦穆公实际上是打败了一支被称为波伊人的塞西亚民族（属雅利安种），从而引发了一场遍及整个欧亚大草原的多米诺骨牌式的民族大迁徙！大迁徙的过程是很有意思的：波伊人被秦穆公战败，西迁到了新疆阿尔泰山一带，战败了那里的伊森多尼斯人；伊森多尼斯人逃到了伊犁河流域，打败了当地的马萨盖塔伊人；马萨盖塔伊人又被迫西迁，战败了位于阿富汗以北的中亚地区的斯基泰人；斯基泰人西逃，最终来到黑海一带，打败了克兰米利安人；克兰米利安人在斯基泰人的追击下，在东欧和西亚地区到处逃窜，给这些地区带来了毁灭性的破坏。

虽然西方学者们的这一观点，有点不可思议和夸张之处，但是，秦穆公的霸业使秦国声名远播却是毋庸置疑的。中国被称为"支那"，就是自"秦"

这一国号演变而来的。印度最早的两部史诗《摩诃婆罗多》、《罗摩衍那》中的 cina，从前译为"支那"，就是指中国。著名历史学家季羡林认为当是源自中国的"秦"字。

就像华夏先民对遥远的西方世界充满无尽遐想一样，西方世界同样对神秘的东方充满着向往，而且东西方的遭遇也是双方共同努力的结果。

与华夏族对"西王母"故事的记忆一样，在西方世界的地中海沿岸，古代希腊也流传着类似的传说——在遥远的东方生活着神秘的希伯波里安人，在那里没有仇杀，没有战争，人们纯洁善良，人人长生不老。

据说，传说起源于一位幸运的东方旅行者阿里斯特（Aristeas）的传奇之旅，后经著名历史学家希罗多德的转述而广为流传。其实，关于希伯波里安人的故事，在其之前的古希腊诗人赫西奥德（Hesiod）的诗中就已经出现了。近代许多学者的研究也逐渐表明，希伯波里安人的故事是欧洲人对古代中国的最早记载。

19 世纪 60 年代的一些英国学者，通过整理阿里斯特的叙事长诗，证实阿里斯特很可能是光明神阿波罗的一名祭司，其东方之旅的目的，是去神秘的希伯波里安人那里做一次"朝圣之旅"。因为古希腊神话中说，阿波罗每年要到那里去度过冬天，并享受 100 条驴的隆重祭典。

"西王母"在中国更多的还是被当作美丽的传说、神话，希伯波里安人在西方也是一样，虽有不少学者肯定了这一故事，但普通民众仅仅把这一故事当成传说来看待。在这之后出现的对中国的另一个称呼——"秦奈"一词，则是西方人对东方，对中国认识具体化、清晰化的体现。

公元前 550 年，波斯贵族居鲁士建立阿契美尼德王朝，在之后的几十年里，这一王朝不断壮大。到大流士（公元前 521—前 485 年）统治时期，波斯帝国的东北边疆已经到达葱岭以西斯基泰人的游牧区。而在此时的波斯文献中，已经有明确的关于中国的记载——支尼，也就是"秦奈"，或后世称呼中国的"支那"。此时的中国正处于春秋战国时期，秦奈一词的出现，很有可能与此时期秦国的强盛有关。还有一种说法：秦奈一词是汉语"绮"的译音，与当时中国输出的丝绸有关。不管是哪一种说法，可以肯定的是，先秦时期中国与中亚、西亚乃至欧洲，已经有了比较直观的认识，相互间可能存在着某种联系。

如果说关于"秦奈"到底是由秦国而来，还是由"绮"的音译而来，学者们还存在争议的话，不久之后出现的"赛里斯"（Seres）的故事，学术界则普遍认为是指中国的丝绸。在古代，中国的丝绸名扬天下，许多外国人甚至把中国称之为"丝国"。

"赛里斯"据说最早见于公元前416年到公元前398年，担任波斯帝国宫廷医生的希腊人泰西阿斯（Ktesias）的《印度记》一书，据学者们研究，这个名词的最初来源，也许出自亚历山大东征时的一位部将俄内西克里特（Onesicritus）的记载。

此外，成书于公元前5世纪的《旧约·以西结书》中提到，耶和华要为耶路撒冷城披上最美丽的衣裳，其中两次揭到"丝绸"这种东西。显而易见，古波斯帝国时期，在西亚至小亚细亚，中国丝绸已经是一种常见的奢侈品。

不管是对神秘的希伯波里安人的记载，还是对"秦奈"传说的叙述，西方人对东方的认识还仅仅停留在知识层面，可惜的是，两者之间并没有发生直接的往来，双方都是通过中介，如中亚民族或印度人，彼此交流着。中国丝绸通过中亚民族向西传播，西亚玻璃通过北方草原民族输入中国，西亚的图案艺术由中亚传入中国。

亚历山大东征也许是早期西方人真正踏入神奇的东方世界的第一次尝

试，虽然他并没有进入今天中国的疆域，但是毫无疑问，这已经是一次伟大的实践，一次伟大的远征，一次对东方世界的伟大探险。

亚历山大（公元前356—前323年），马其顿国王，亚历山大帝国的创立者。公元前336年，亚历山大的父亲马其顿国王腓力二世在其女儿的婚礼上遇刺身亡，年仅20岁的亚历山大继位。在逐渐平定了各地的反叛之后，于公元前334年，亚历山大率马其顿3万步兵和5000骑兵开始了伟大的东征。

公元前331年，亚历山大于美索不达米亚平原击败了波斯阿契美尼德王朝最后一位皇帝大流士三世（？—前330年），灭亡了波斯帝国。公元前330—前327年，亚历山大继续东进，征服了原臣属于波斯帝国的巴克特里亚和粟特两郡，并在巴克特里亚迎娶了当地一位君主的女儿洛桑尼。虽然在随后的东征中亚历山大及其军队经受了巨大的考验，然而其还是一鼓作气地占领了马拉坎达（Maracanda，今乌兹别克斯坦撒马尔罕），兵临费尔干纳城下。

公元前327年夏，亚历山大被富庶的印度河流域所吸引，率兵侵入印度河流域，并取得了一系列成就。后因遭遇强烈的抵抗和瘟疫的流行，被迫撤兵，公元前324年返回巴比伦，东征结束。公元前323年6月，亚历山大在参观一个清理幼发拉底河沼泽地的工地时，被蚊子叮了一口，在随后举行的宴会中，他开始发热，这位最伟大的君王仅仅坚持了10天就去世了，享年只有33岁。

经历10年的远征，亚历山大建立起了一个西起希腊、马其顿，东到印度河流域，南临尼罗河第一瀑布，北至药杀水（今锡尔河），以巴比伦为首都的庞大帝国。亚历山大的东征为西方人打开了亚洲，开辟了进行贸易、交流的新道路。据称，亚历山大在其征服的广大区域内，建立了70

余座以"亚历山大里亚"为名的新城，这些新城的建立使得西起地中海，东到中亚、印度边境的广大区域建立起密集的交通网，为东西方交流创造了良好的条件。

　　亚历山大东征是欧洲人第一次真正走向东方、了解东方，尽管亚历山大并没有进入中国，甚至有可能他并不知道中国的存在，但是西方人对东方的渴望在这一次远征中展现无遗，而中国人真正意义上的向西方进发，对西方的探险，却迟到公元前 2 世纪的汉朝才拉开序幕。

西汉初通西方

公元前 141 年，汉武帝刘彻登上帝位，从此开始了其长达 54 年的漫长统治。

经过前几代皇帝的休养生息，至汉武帝即位时，西汉帝国的国力已经十分强大，具备了对外探索的实力。汉武帝即位之后的第一件事，就是要打败汉初以来一直称雄北方蒙古草原的匈奴人，他开始酝酿一场势将涉及整个东亚世界的战争。

为了寻找战略伙伴，由西方完成对匈奴帝国的战略包抄，汉武帝决定遣使西域，去联系曾与匈奴发生过数次大战，并于战败后西迁的大月氏人。

大月氏人可能是出自欧亚语系的一个游牧民族，也有学者猜测，他们可能是吐火罗人的一支。他们最初活动在中国的河西走廊和祁连山一带，匈奴兴起后，由于受到匈奴帝国的逼迫，他们迁往伊犁河、楚河流域，并从这里进一步西迁南进，驻牧于中亚的阿姆河、锡尔河流域。当时，汉王朝的统治者们仅仅了解到，大月氏人曾与匈奴人作战，他们的王甚至都在战斗中被杀，匈奴单于用他的头骨制成酒器，大月氏人与匈奴人有着深仇大恨，可能会成为汉王朝进攻匈奴帝国的坚强盟友，但是，汉王朝的决策者们却连大月氏人撤到了何处都不甚了解。汉武帝要派出使者去寻找大月氏人，只知道应该向西方寻找，具体的地域却无法确定。

此外，还有一个摆在面前的困难，那就是出使大月氏的道路由匈奴控制着，要联络大月氏，必须穿越匈奴的统治区域，穿越匈奴腹地而不被发现，这种可能性微乎其微。所以，联络大月氏并不是一件容易的事情。汉武帝也知道这件事的困难性和危险性，所以采用公开招募的方式选拔使臣。就这样，张骞作为应募者，走上了历史的舞台。

张骞（约公元前164—前114年），字子文，汉中郡城固（今陕西省城固县）人。公元前138年，张骞奉汉武帝之命第一次出使西域寻找大月氏。但是此时的月氏人在两年之前（即公元前140年），已经迁移到了中亚的索格底亚那，而且张骞的时运也是极为不佳，就在其离开中原大地后不久就被匈奴人抓住了，这一关就是10年的光景！可喜的是，张骞最后逃离了虎口，并到达了中亚的费尔干纳（今乌兹别克斯坦境内）。最后，张骞也到达了其目的地——月氏国，但是令他失望的是，此时的月氏国已经由一个游牧民族建立的"行国"，转变为以农业兴邦的定居国家。由于习惯了稳定安逸的生活，他们已经不愿意再回到他们的故乡并与匈奴人决战了，张骞只能失望而归。

在返回途中，张骞再一次身陷囹圄，最终于公元前126年返回中国。张骞出使时带着100多人，但13年后归来时，只剩下张骞和堂邑父两人。虽然张骞此次出使西域的本来目的没有达成，但是其对西域各国的了解则为以后中国与西域的交流提供了便利。

张骞出使西域的这13年中，汉武帝对匈奴进行了几次有效的打击，不仅确保了汉朝对河西走廊这一交通要道的占领，更是扩大了汉王朝的版图。公元前121年和公元前111年，汉武帝先后在河西走廊设立武威、酒泉、张掖、敦煌等河西四郡，从而保证了丝绸之路咽喉要道的畅通。

此后，西汉与匈奴的争夺就转向了西域各国，汉武帝对此采取了一系列的措施，最重要的当属出使和战争。公元前 119 年，张骞第二次奉命出使西域，此行的目的已经不再是月氏，而是月氏人曾经的仇敌乌孙，另外就是加强与西域小国之间的联系。

乌孙与月氏一样，都曾经是今甘肃境内的游牧民族，后乌孙王被月氏攻杀，其王子由匈奴单于冒顿收养，后在匈奴的支持下复国，并成功地驱逐了月氏人。可以说，乌孙与匈奴既是隶属关系，也是联盟关系。张骞想联合乌孙（地处伊犁河、楚河流域）抗击匈奴，无异于"断匈奴右臂"，这一战略决策得到汉武帝的支持。而乌孙与匈奴此时的矛盾也为这一举措提供了可能性。

张骞的这一次出使是在汉武帝大规模反击匈奴之后，这就从政治上保证了使团的安全性。但张骞此次仍未达到预期的目的，因为此时的乌孙正因王位之争而处于政局不稳的状态之下，国内贵族们又因惧怕匈奴，不敢与西汉夹击匈奴。

张骞在乌孙的这段时间，分别派遣副使到达了大宛（Farghana，今中亚的费尔干纳盆地）、康居（Sogdiana，中亚阿姆河、锡尔河之间）、大月氏、大夏（即巴克特里亚）、安息（即西方史书中的帕提亚）等国。

虽说此次出使的政治目的没有达到，但还是有许多小国派遣使者跟随张骞回到长安。如公元前 115 年，张骞回国时，乌孙派导译相送，并派使者到长安，之后的回国报告中对汉朝的描述，大大加强了汉朝在西域的威望。还有，《史记·大宛列传》记载，安息曾派使者来汉朝观光，并贡献方物。甚至还有汉朝使节去奄蔡（今咸海北岸）、黎轩（qián）（即中国史书中的大秦，也就是西方史书中的罗马帝国）的记载，当然这些记载的真实性已经引人质疑了。

在汉武帝派张骞第二次出使西域的同时，汉朝也在西域与匈奴展开了进一步的战争。公元前108年，西汉军队击败匈奴耳目楼兰、车师，打击了匈奴的势力。

当然，给人们留下最深印象的当属汉武帝对大宛的征伐。汉武帝听说西域大宛国盛产汗血宝马，能日行千里，于是遣使大宛，欲以重金换取宝马。其实在听说汗血宝马之前，西汉已经有了来自乌孙的"天马"，但是当了解到大宛的汗血宝马更健壮时，不由兴起了喜爱之情，甚至汉武帝改乌孙马为"西极"，称大宛马为"天马"，可见大宛马的优良。

汉使携重金，历经千辛万苦终于到达大宛，大宛国王不敢懈怠，接见了汉使。宴会当中，汉使说明来意，希望用千金及一匹精致的金马换取大宛的汗血宝马。但结果却是令汉使大感意外，大宛国不仅不想用宝马换取金马，还想强抢豪夺。汉使

张骞图

大怒，摔金马而逃，结果到达大宛属国郁成时被杀。消息传到汉朝时，汉武帝大怒，于是才有了下令发兵征伐大宛的事情。

公元前104年，汉武帝任命李广利为贰师将军，率6000人马出征大宛，因为汉朝希望到大宛的贰师城取宝马，所以称李广利为"贰师将军"。李广利的这次出征是在准备不足，后勤补给严重匮乏的情况下进行的，加上过往小国不肯提供供给，致使第一次出征大宛的汉军大败而归。当败军退回到敦煌时，李广利上疏言败军事，汉武帝大怒，下令有敢入阳关者杀无赦，李广利只得在敦煌驻守等待消息。

公元前103年，汉打击匈奴的2万大军败于匈奴之手，此时汉朝廷内部许多大臣进言停止对大宛的征伐，汉武帝不听，甚至不惜把劝谏之人打入大牢。在汉武帝的坚持和努力下，最后约10万众的远征军在大量后勤补给的支撑下，开始了对大宛的第二次征伐。在汉军强大军事实力的压力下，西域小国莫敢不从。

汉军吸取上次失败的教训，绕过郁成，迅速攻取大宛都城，在经过40余日的强攻之后，大宛国内发生内讧，最后以大宛国王和郁成国王的人头换取汉军的退兵。李广利征伐大宛的战争告一段落，汉军带回数十匹汗血宝马和三千多匹中等马，汉朝在西域的声望大大加强。《史记》中有诗为证：天马来兮从西极，经万里兮归有德。承灵威兮降外国，涉流沙兮四夷服。

公元前72年，匈奴进攻乌孙，乌孙向汉求救，西汉遣五将军率15万大军与乌孙东西夹攻匈奴，大获全胜，匈奴元气大伤，从此无力与汉在西域争雄。公元前60年，匈奴发生内讧，西边日逐王降汉，自此匈奴势力全部退出西域。西汉以郑吉兼护"鄯善以西"、"车师以西北道"，这就是西域都护的由来。西域都护的主要任务就是统领西域诸国，联合起来共同抗击匈奴的侵扰，特别是保护西域南北两道的安全和畅通。至此，西域地区统一在西汉中央王朝的管辖之下，更为中国与中亚、西亚、欧洲各国的交往铺平了道路。

亚历山大死后，其庞大的帝国迅速瓦解分裂，其中影响最大的是塞琉古王国（Seleucids，公元前312—前64年）、托勒密王国（公元前305—前30年）和马其顿希腊王国。以叙利亚为中心的塞琉古王国，疆域包括伊朗高原和中亚的巴克特里亚（即大夏），与中国最为接近。公元前250年，大夏和帕提亚（Parthia，即安息）两地反叛，随后阿萨息斯（Arsaces）建安息帝国（公元前247—公元226年），狄奥多德（Diodotus）建独立的大夏王朝（公元前256—公元1年）。就这样，当时统治世界的几大帝国都进入稳定的发展期，为东西方的交流提供了可能性。

大夏国建立之后不久，因受匈奴压迫而西迁的大月氏人就来到了这一地区，并且征服了当地民族，取代了原大夏国的统治地位。

汉武帝派张骞联络大月氏夹击匈奴虽未成功，但两者之间也应该建立了一定的联系。西汉东方朔的《海内十洲记》记载：征和三年（前90年），月氏国遣使献香料。东晋王嘉的《拾遗记》记载：武帝太初二年（前103年），大月氏贡双头鸟。这两本书虽然都是志怪小说集，历史学家们并不把它们当成信史，但是，这些记载也在一定程度上反映出，当时两国之间确实存在着某种程度的交流。百余年之后，大月氏内的贵霜部逐渐强大，并于公元1年左右建立了贵霜帝国，影响着中亚地区的政治格局。月氏控制着西亚、南亚、欧洲进入中国的咽喉地带，西方世界的许多国家都是通过月氏这一媒介与中国间接接触。

张骞第二次出使西域时，曾派遣副使到达过安息帝国。据《史记》记载，汉使初到安息时，安息国王命2万骑兵迎于东界，随后过数十城才到安息帝国的王城。待汉使归来时，安息国王遣使来汉土观光，时间当为公元前

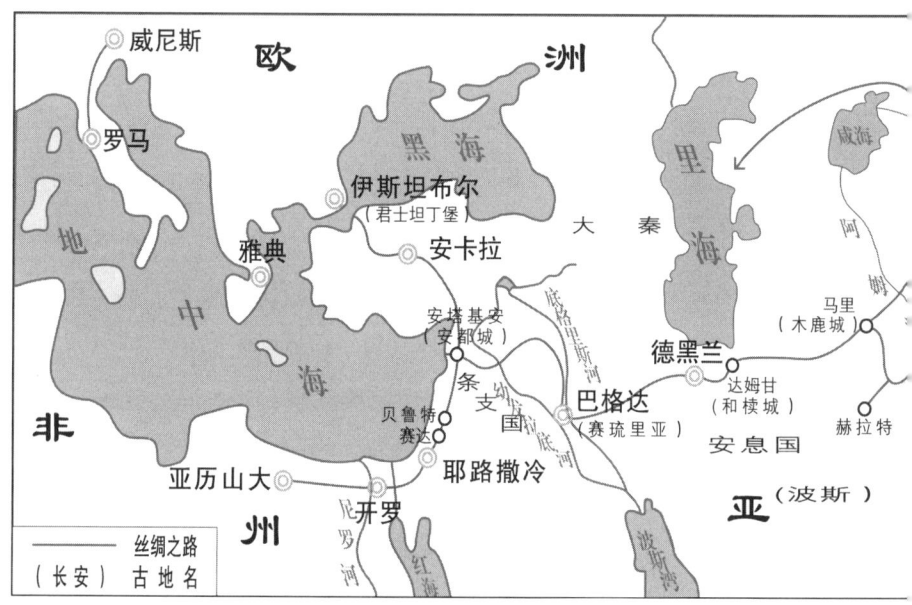

105、106 年左右。安息使者献大鸟卵和黎轩幻人。唐代史书中记载，黎轩幻人"眉头皱缩，鼻子高耸，头发蓬乱，胡须蜷曲"，由此推测，当为印欧人种无疑。而当时西方罗马帝国之人以幻人（汉代对魔术师的称呼）著称，他们能口中吐火、自缚自解等，在中国很受欢迎。所以，安息所献的幻人当为罗马人。

在遥远的地中海沿岸，有一个庞大的帝国，那就是古代罗马，也就是中国史书中记载的大秦。此时的罗马正处于共和制历史时期。安息帝国境内的幻人很有可能是罗马战俘。

公元前 97 年，罗马优秀的将军苏拉挺进幼发拉底河，并以此为界，形成了罗马与帕提亚的疆界。公元前 64 年，罗马另一位著名的将军庞培灭掉塞琉古王国。帕提亚国王向罗马派出使节，请求结盟，结果使臣受到了苏拉的羞辱，帕提亚国王勃然大怒，竟然杀死了自己派出的使臣。在此后的

古代丝绸之路路线图

几年里，帕提亚国内发生了几次动乱，严重削弱了帕提亚政权，双方保持了几年的和平。

公元前55年，凯撒出兵高卢，这就为另外两位将军夺得罗马执政的位置提供了契机。克拉苏带着自己的梦想，于公元前54年发起了向叙利亚的战争，而此时的帕提亚人也为他提供了一个千载难逢的机会，因为帕提亚人不相信这位年近60的将军真的会发动战争。但是克拉苏的轻率和帕提亚人的强大，都预示着这次战争将以惨败而收场。而事实也正是如此，这次惨败是罗马历史上最惨重的战败。

本打算再次进攻帕提亚，意图雪耻的凯撒，在此时被自己人暗杀，罗马唯一一次有可能战败帕提亚的机会消失了。在随后的几次战争中，罗马人约损失3.5万人，至此他们终于意识到应该放弃作战了。公元前27年，屋大维成为"奥古斯都"，罗马从此进入帝国时代，并与邻国帕提亚和睦相处。

罗马长期处于与安息帝国的战争之中，其与中国的交往也就变得困难起来。但在一些中国史书中，却有罗马人到达过中国的记载。东汉人郭宪所著《汉武帝别国洞冥记》记载：元封三年（公元前108年），大秦国贡花蹄牛。这个大秦国应该是指罗马。

另外，还有一件值得我们注意的事情，那就是在中国境内是否存在罗马战俘城的问题。

1940年，英国牛津大学的德效骞（H.H.Dubs）发表了一篇名为《公元前36年中国人与罗马人的一次军事接触》的论文，后补充为《古代中国境内的一座罗马城》一书。书中称中国的罗马战俘是公元前53年罗马与安息在卡莱战役中被安息俘虏的罗马军团的一部分。安息俘虏这些士兵之后，按照其处理战俘的传统惯例，把他们安置在东部边境驻守，后来被西域都护副校尉陈汤俘虏145人，被安置在甘肃永昌地区的一个特设的边境城市——骊靬，该城市是根据中国对罗马帝国的称呼来命名的。

据现代人研究，这两项记载可信度都不是很高，西汉时期中国与大秦之间是否存在交往，是一个目前难以下结论的难题。

但是，东西方之间的交通干线，在此时大致形成。东起长安，经河西走廊到敦煌，从敦煌西出阳关、玉门关，分南北两路，南路沿塔里木盆地南缘，经于阗（今新疆和田）、莎车（今新疆莎车）到达疏勒（今新疆喀什）；北路经楼兰古国（罗布泊西北），沿天山南麓，历焉耆、龟兹（今新疆库车一带）抵达疏勒。然后从疏勒可向西南越过葱岭进入中亚大夏国境内，向西经大宛转南也可以进入大夏，而从大宛向西北可经康居进入奄蔡。从大夏可以去身毒（今印度），向西则可经安息去条支（今叙利亚一带）、黎靬。这大体上就是丝绸之路的南北二道，这两条道路不仅在西汉影响深远，而且是整个中国古代与西方交流的主要陆路通道。

东汉再通西方

汉武帝通西域之后一百多年的时间里，中国与西方各国进行着友好的往来。公元9年，王莽发动政变，篡夺西汉政权，建立新朝。由于王莽错误的民族政策，加剧了国内各民族之间的矛盾。此时匈奴趁虚而入，致使西域与内地王朝的联系断绝。

公元25年，光武帝刘秀建立东汉政权，结束了"新"朝的短暂历史。但是不知是由于国力的限制，还是东汉迁都洛阳后西域对汉王朝的重要性有所下降的原因，东汉王朝对西域的重新经营，一直推迟到公元73年，而且东汉对西域的控制已经没有了西汉时期的力度。

东汉明帝即位后意识到，若不控制西域地区，匈奴的势力就会不断侵扰河西和东汉的北部边境。公元73年，明帝派军队从河西进入巴里坤、哈密一带进行屯田，同时派班超先后到鄯善、于阗、疏勒等地，帮助西域各地驱逐匈奴的监护者，东汉政府遂又在西域建立起都护府，恢复了中原与西域的联系。

班超（32—102年），字仲升，汉族，汉扶风安陵（今陕西咸阳东北）人，东汉时期著名的军事家和外交家。

公元73年，班超随奉车都尉窦固出兵攻打匈奴，在军旅之中显示了不凡的才能，窦固很欣赏班超，派其与郭恂一起出使西域。此后班超为平定西域，促进民族融合，做出了巨大贡献。

就在东汉重设西域都护后不久，西域小国焉耆、龟兹在匈奴贵族的支持和教唆下，杀西域都护陈睦，抢夺西域各地，致使丝绸之路受到严重威胁。在这种形势下，东汉政府担心负担不起庞大的军费开支，准备封闭中原与西域的交通。公元76年，朝廷迎还戊己校尉，罢伊吾屯兵，班超也要奉召归国，臣属汉朝的西域诸国大为震动。疏勒国大官黎弇（yǎn）怕班超走后，龟兹来报复，甚至拔刀自杀。就这样，在西域各地人民的努力下，班超及其随从36人决定留下反击匈奴，东汉政府也决定让班超继续经营西域。

公元80年，汉章帝派徐韩率兵1000人支援班超。87年，班超率西域诸国兵2.5万人大破龟兹等国兵马5万人。94年，班超率龟兹等8国兵7万人，联合汉吏、士、商、贾1400人攻破焉耆国。经过几次战争，葱岭东西两地重新被打通，西域50余国全部内属。班超经过十几年的苦心经营，终于又把匈奴势力赶出西域，还丝绸之路一个稳定的外部环境，保证了中西交流的畅通。

公元102年，朝廷召班超归国，不久后班超病逝，享年71岁。班超病逝几年后，公元107年，东汉政府中的一些官员认为，西域路途遥远，管理费用太大，得不偿失。汉安帝听信了这些言论，下令撤销西域都护。匈奴又一次趁机南下占领西域，并煽动河西等地的羌人反对东汉政府，丝绸之路再次中断。东汉政府不得不又一次重估西域的重要性，于公元123年，派班超第三子班勇经营西域。

班勇，东汉将领，字宜僚，扶风安陵（今陕西咸阳东北）人，班超之子，生长于西域。119年，敦煌太守曹宗遣行长史索班率兵驻守伊吾（今新疆哈密一带），结果却遭到北匈奴与车师后部的联合攻杀。针对"索班之耻"，朝廷诏班勇议事，班勇认为应重设西域都护。于是123年，班勇被任命为西域长史，率 500 人出关经营西域。

124 年，班勇对龟兹、姑墨（今新疆阿克苏一带）等国晓以大义及利害关系，使之降附。随后，班勇发兵攻打车师前部（今新疆吐鲁番一带），击走北匈奴，并在柳中（今新疆鄯善西南鲁克沁附近）实施屯田，以保障军事实力。125 年，班勇又大破车师后部（今新疆吉木萨尔一带），斩其王军就，以雪索班之耻。126 年，班勇率领西域兵马，大破北匈奴呼衍王，又击走北单于兵马，北匈奴向西逃遁，葱岭以东诸国再次归附。

就这样，在东汉政府对西域的"三绝三通"之后，西域与中原的联系终于有了保障，至此一直到东汉末年，中原与西域的丝路一直畅通无阻。

就在班超经营西域之时，当时中亚的大国——贵霜帝国，已开始与西域都护发生联系，并有过一次直接的军事冲突。

贵霜部属于原大夏的五部之一，后来逐渐强大并建立贵霜帝国。贵霜前两位君主一直忙于国内的统一战争，之后南下进攻印度，占领恒河上游地区，没有与中国发生联系。此时的中国东汉王朝也还没有重新经营西域，也就不可能主动与贵霜帝国发生关系。之后，贵霜帝国迎来了其历史上最著名的君主迦腻色迦一世（78—102 年在位），这位君王在位时向西打败了逐渐衰落的安息帝国，向南继续进攻印度，向东与中国发生联系，逐渐建立了西起伊朗边境，东至恒河中游，北起锡尔河、葱岭，南至纳巴达河的辽阔疆域。也是在这位君主在位时期，贵霜与中国建立起联系。

在班超经营西域，打击依附匈奴的西域小国时，贵霜帝国曾出兵帮助西域都护。但是，公元 90 年，贵霜王向汉朝公主求婚，却被班超拒绝，贵霜王大为恼怒，遣副王（贵霜帝国实行双王制）谢率领 7 万兵马进攻班超。汉军由于人少，坚守不出，谢在搜掠无效的情况下，后勤补养出现问题，只得向龟兹求援。此举被班超识破，其求援士兵被班超的伏兵所杀，谢自知已无出路，便遣使请罪求和，班超同意，两国关系又重归旧好。至此，贵霜退至葱岭以西，两国保持着和平友好的关系。

位于西亚的安息帝国，至东汉时已经有200多年的历史了。安息帝国在西汉时期已经与中国建立起正式的官方往来，民间商旅的交往更是不可胜数。虽然东汉时期，安息帝国已经有了衰落的迹象，但是作为当时世界上四大帝国（中国、罗马、安息、贵霜）之一，安息与中国之间的联系仍是不容忽视的。

东汉时期，中国与安息之间的正式往来见于正史记载的就有多次。如：汉章帝章和元年（87年），安息遣使汉朝，并献狮子、符拔。和帝永元十三年（101年），安息王又一次遣使献狮子及条支大鸟（当时称为安息雀，当为鸵鸟）。148年，安息王子安清（字世高）来中国传布佛教，译经多种。而中国使团抵达安息的记载，是公元前97年，西域都护班超遣副使甘英出使大秦时路经安息。

安息地处中国与大秦两国之间，从西汉时期开始，就一直阻碍着两国的直接交往。东汉时期，安息仍希望在两国之间做中转贸易，从中获取暴利。因此，当甘英出使大秦，已经到达波斯湾东部时，陪同的安息人称：波斯湾广阔，即使是在顺风的情况下，也要三个月才能渡过，如果遇到逆风则需要两年的时间，而且路途中并不安全，极有可能葬身海中。甘英不是一个敢于冒险的探险家，在安息人的劝阻下，无功而返。

东汉时期，帕提亚已经开始逐渐衰落，而罗马却日益强大。两者角色的对换为罗马与中国之间建立直接的联系提供了可能性。

如果说汉武帝时期，有关大秦国入贡的记载，想象成分居多的话，东汉时中国已经与罗马建立起直接的联系，却是毋庸置疑的。公元94年，班超破焉耆国，西域50多国内附，与此同时，史书还记载，远在万里之外的安息、条支诸国"皆重译贡献"。

公元 100 年，中国史书《后汉书》和古罗马地理学家马林（Marinus of Tyre）的《地理学导论》，都记载了一个罗马"使团"的中国之行。虽然大多数学者都认为，这是中国和欧洲直接交往的开始，但是他们也都认识到，这次所谓的"使团"，是由一队商团冒充的。也许，166 年，大秦王安顿遣使自日南（今越南中部）来中国献象牙、犀角，是中国与大秦之间的第一次官方直接交往。

公元 161 年，大秦王安顿，也就是罗马帝国皇帝马可·奥勒留（Marcus Aurelius Antoninus Augustus）即位，据说，一同即位的还有一个维鲁斯，这是罗马历史上第一次两帝共治。不过维鲁斯是个平庸之人，而马可·奥勒留却是罗马帝国上最著名的皇帝之一，世人称其为"哲学家皇帝"，其著作《沉思录》是西方历史上最感人的名著之一。

公元 162 年至 165 年，马可·奥勒留攻下了安息帝国的部分土地，控制了美索不达米亚地区，经波斯湾前往东方的海道再无阻碍。罗马对安息战事的胜利，也为其与中国的交流提供了有利的外部条件，最终，在公元 166 年，罗马与中国之间终于迎来了第一次正式接触。

但是，这一次的直接接触，并没有建立起两国之间规范化的联系。大秦与中国通过中亚、西亚诸国进行的间接交往，仍是两国交往的主要途径。东汉末年，中国内乱，无力顾及西域，西域也就逐渐脱离了汉朝的控制，中西方的交流也因此受到影响。随后，中国进入三国两晋南北朝时期，中原割据政权林立，而此时的中亚、西亚乃至欧洲，政局也在发生着变化。

魏晋时中西遭遇的扩大

公元 220 年，东汉王朝在各方势力的打击下走向灭亡，中国进入长达 300 多年的分裂割据时期。此时位于中亚的贵霜帝国也走向衰落。位于伊朗高原的安息帝国，则于 226 年被新兴起的萨珊波斯（226—651 年）灭亡。在欧洲的罗马帝国，也经历了一个多世纪的危机（三世纪危机），并于 395 年分裂为东、西罗马帝国。476 年，西罗马帝国灭亡，在其原来的领土上产生了十几个分裂的小国，而东罗马帝国，也称拜占庭帝国，则经历了漫长的统治时期，直到 1453 年为伊斯兰教的土耳其帝国灭亡。

虽然中西差不多在同时出现了政权的衰落，乃至更替，但是早已形成的丝绸之路却依然保持畅通，尤其是中国北朝时期，由于各统治民族同西域少数民族间的固有联系，中西陆路交通进一步拓展，使丝绸之路呈现更加繁荣的景象。

三国时，魏曹丕即位后，国力强大，向西部用兵。222 年，曹魏政权正式恢复戊己校尉的设置，驻扎在丝路的要地高昌（今新疆吐鲁番），后又恢复西域长史的设置，驻地设在海头（今罗布泊西），这两个设置分别处于丝路的北道和南道。此后，曹魏陆续平定了河西的地方势力，西域各政权纷纷归附曹魏政权。自此之后，西域各国，如龟兹、鄯善、于阗、疏勒、车师等国，贡使岁岁来朝。魏文帝曹丕也十分重视与西域诸国之间的关系，对各国使节均厚赠而返。

265 年，世家大族司马氏取代曹魏建立西晋政权，继续沿袭曹魏管理西域的模式，并普遍授予各国国王官职，授予他们"晋守侍中、大都尉、奉晋大侯"等官职。

316 年，匈奴人刘渊南下灭西晋，司马氏南迁至今南京，建东晋，中国北方陷入十六国纷争的局面。占据凉州的诸地方割据政权（如前凉、后凉、西凉、北凉），依然与西域之间保持着联系，只不过此时的西域和外国商人，大多在以前的河西四镇等地贸易，不能进入长安、洛阳。在肥水之战前，前秦苻坚也曾遣使西域，以缯彩赠与诸国国王，使西域十余国前来朝献。

389 年，拓跋珪建北魏（386—534 年），并逐渐统一中国北方，采取了一些措施加强中国与西域的联系。439 年北魏灭北凉，就是为了打通西域与内地的联系。442 年，北魏在敦煌设立沙州，继而在西域重镇鄯善、焉耆分别设镇，实行直接管理。437 年，北魏派董琬、高明带着大量的金银、绸缎出使西域。北魏时期是中西交流的重要时期，都城洛阳作为当时西域商人的荟萃之地，有专门接待商人和使者的"四夷馆"，而且设有专门供西域和外国商人买卖的市场，称为"四夷市"。

就在中国各政权努力与西域建立联系的同时，中国与中亚、西亚乃至欧洲的联系，也在双方的努力下得以实现。

此时期首先实现与中国交往的中亚国家是大宛国。晋太康六年（286 年），晋武帝遣使杨颢，拜其王蓝庚为大宛王。蓝庚死后，其子继位，遣使贡汗血宝马。前秦苻坚时，大宛也曾遣使献汗血宝马。北魏太延三年（436 年）、太延五年（438 年）、太和元年（477 年），破洛那国（即大宛国）都曾遣使献汗血宝马，此后经常遣使朝贡。

曾经的中亚强国——贵霜帝国，在这一时期却只能苟延残喘。229 年，贵霜还曾遣使至曹魏献贡。萨珊波斯兴起后，贵霜的势力逐渐受到打压，公元 3 世纪初，萨珊波斯已经基本占有了原贵霜帝国北部的大夏地区。至公元 4 世纪，东印度的笈多王朝兴起，再次统一了北印度，这时西北印度贵霜诸王公的残余势力，便处于笈多帝国的控制之下了。之后，在萨珊和嚈哒（yǎndā）人的双重打击下，贵霜走向灭亡。

嚈哒人作为灭亡贵霜帝国的主力，起源于蒙古草原，公元 4 世纪后期，逐渐跨过阿尔泰山进入中亚的索格底亚那（Sogdiana），并灭亡了在此存在多年的康居。5 世纪 20 年代，嚈哒人逐渐跨过阿姆河，企图进入萨珊波斯的领地，但被波斯王击败，只得退回葱岭以西，并于 30 年代末，征服了盘踞在此处的寄多罗贵霜王朝，灭亡了贵霜帝国最后的残余势力。

贵霜灭亡后，其庞大帝国基本上由嚈哒人所取代。随后，强大的嚈哒人又一次向西与波斯发生冲突，于 453 年，大败萨珊王雅兹底格德二世（438—457 年在位），484 年又杀死菲鲁兹（457—484 年在位），一度占领大部分呼罗珊地区，极大地消耗了波斯的国力，终于迫使波斯纳贡称臣。

在东方，6 世纪初，嚈哒人北上同高车争夺准噶尔盆地及其以西地区，并逐渐控制了高昌，遏制住新兴草原政权——柔然势力的西进。与此同时，嚈哒人又东进控制塔里木盆地西部，南道直至于阗，北道直至焉耆。西域 30 余小国尽在其隶属之下。经过西域南北道，嚈哒人频繁地开展同中国北魏、西魏、北周乃至梁朝的交往。

在嚈哒灭亡康居后不久，在康居居住地的西北，兴起了一个民族——粟特。

粟特兴起于公元 4 世纪末，其民族以经商闻名于世。据《魏书》记载，粟特国（即隋唐时的安国）在北魏前期曾九次遣使北魏。跟随粟特遣使北魏的是悉万斤（即隋唐时的康国），也曾九次遣使中国。与粟特相比，悉

萨珊王朝疆域图

万斤的遣使大多是在北魏后期，从中可以看出，悉万斤在粟特诸国中的地位逐渐提高，成为后来中亚与中国联系的主力。

　　萨珊波斯建立之初，因忙于与罗马帝国之间的战争，与中国的联系十分稀少，所以在三国两晋时期，见于史书的记载基本为零。但是到了北魏时期，两国的交往十分密切。据统计，北魏时波斯遣使中国共10次，两国之间建立起频繁的"朝贡"关系。

至西魏、北周时，萨珊波斯与中国之间仍有通使往来。此时的西方史书，如马尔科姆（Malcolm）的《波斯史》及麻素提的《黄金牧地》，也记载着中国皇帝（北周皇帝）曾遣使波斯贡献。如果我们结合当时的亚洲形势来看，这种朝贡关系可能会更加清晰。6世纪中叶，嚈哒帝国已经在波斯和突厥人的联合进攻下灭亡，波斯与突厥在中亚地区已经直接接触，北周武帝时，突厥曾遣使西方的罗马以期望夹击波斯。那么，此时波斯遣使中国的北周，显然是希望联合北周来共同对付突厥。

北周皇帝对这一场可能发生的涉及中亚至东欧广大地区的多国战争持何种态度，中国史书中没有任何线索可寻，不过，费杜西（Firdusi）的《帝纪》一书，却存在北周皇帝出兵中亚阿姆河流域的记载。但是，依当时北周的国力来看，其与波斯人结盟并出兵中亚，似乎是不可能的事情。

公元166年，大秦使者正式由海路踏上中国领土之后，这也成了大秦与中国汉朝官方交流的唯一一次记载。直到三国时期的公元226年，孙权在位时，才又有大秦商人秦论来到交趾，交趾太守吴邈将其送到了东吴。此后，大秦陷入与萨珊波斯帝国的战争之中，其与中国的交往也再一次中断。

萨珊波斯取代安息之后，也继承了安息与罗马之间的对抗。231年，阿尔达希尔一世致书罗马皇帝塞维鲁，要求罗马势力退出亚洲，从而拉开了长达400年的罗马和波斯之间战争的序幕。在战争刚开始的几十年中，波斯帝国占据了上风。公元260年，波斯皇帝沙普尔一世大败罗马军，甚至俘虏了罗马帝国的皇帝瓦勒良。至今，在帕赛波利斯附近，仍留存着纪念这次胜利的摩崖石刻，巨幅的浮雕表现出沙普尔一世踩着跪在地上的瓦勒良上马的情景。可是不久之后，双方的战争就进入了拉锯战阶段，互有胜负。286年，罗马煽动亚美尼亚起事，萨珊波斯被迫撤退，以后又丧失了底格里斯河以西之地。至此，罗马通过波斯湾由海路前往中国的通道才又得以恢复。于是，在晋武帝太康年间（280—289年），中国史书中又一次出现了大秦王遣使贡献的记载，证明中国与罗马之间又建立起了一定的联系。

此后的一段时间内，罗马由于要抵御来自北方日耳曼民族的侵袭，无暇东顾；而波斯也要抵抗西迁匈奴人的侵扰，无力向罗马挑衅，双方保持了长时间的和平。公元395年，庞大的罗马帝国分裂为东、西罗马，西罗马帝国在经历了蛮族和匈奴人的蹂躏之后，于476年寿终正寝。在此期间，中国史书记载，大秦在北魏泰安二年（456年）、和平六年（465年）、皇兴元年（467年），曾多次遣使中国，这时的大秦，无疑是指东罗马帝国了。

公元487年，萨珊波斯的卡瓦德一世上台执政，其与东罗马帝国之间又开始了长期的拉锯战，中国与波斯、罗马之间的通使往来变得稀少。虽然罗马与中国之间，因萨珊波斯的原因交往受到限制，但西方对中国的了解却在逐渐加深。马赛里努斯（Ammianus Marcellinus）的《史记》一书，科斯麻士（Cosmas）的《世界基督教诸国风土记》一书，都出现了关于中国的记载。

民族迁徙浪潮

如果我们把西周时期秦穆公称霸西戎，作为有真实记载的中西方遭遇之始的话，那么，在公元前 7 世纪，欧亚大陆上就已经掀起了一次大范围的民族迁徙浪潮，这是另一种形式的中西方遭遇，一种民族间的对抗，比国家间的遭遇更为猛烈，影响更为深远。

学界通常认为，在公元前 7 世纪后期，在包括蒙古高原至黑海北岸的广大地域里，发生过一次"多米诺"式的民族迁徙浪潮。这次迁徙的原动力可能就是秦穆公对西戎的进攻。如果这种推测可信的话，先秦至秦汉时期，在今天的伊犁河、楚河流域活动的塞种人，也就是希罗多德《历史》中的斯基泰人，就有可能是从中国北部草原迁移过去的，这应该是东方民族首次进入中亚。但目前学界更为通行的认识是，塞种人是古印欧人向东方迁移中走得最远的一支，如果这种说法能够成立的话，那么可以说，古印欧人的迁徙向东也曾进入今天中国的境内。不管怎么说，见于中国史书的塞种人，也就是见于西方史籍的斯基泰人，应该是第一个见于史书记载的沟通东西方的民族。公元前 7 世纪后期，中西方已经发生了真正的民族交流与遭遇。

此后在亚洲的北部草原先后兴起了多个民族。伴随着匈奴的崛起，月氏人逐渐衰落。在匈奴的打击和压迫之下，秦汉之际，月氏人已经西迁至伊犁河流域，后又逐渐迁至阿姆河上游之北，从而进入中亚。

月氏的西迁是随着匈奴对其的打击逐步进行的。匈奴对大月氏第一阶段的打击，大约发生在公元前177年或公元前176年。此后，大月氏人向西迁徙至今伊犁河、楚河流域以及伊塞克湖附近。匈奴对大月氏人第二阶段的打击，大致发生在匈奴老上单于在位时期（公元前174—前161年），这次打击对大月氏的伤害很大，月氏人的王在战斗中被杀。为了纪念这次胜利，匈奴老上单于还用月氏王的头骨制成了饮器。此后，月氏人进一步迁徙至锡尔河以北，并在此逗留了十几年，伊犁河流域和楚河流域则被乌孙人占据。后来，大月氏人又越过锡尔河，占领了阿姆河以北的中亚河间地区，大约在公元1世纪中期，占领了整个大夏。

大月氏人的西迁，又一次引发了中亚民族的多米诺式的民族迁徙浪潮——最初，是在大月氏人的逼迫下，原居住在伊犁河、楚河流域的塞种人部落不得不西迁，而后，当乌孙人占据伊犁河、楚河流域，驱逐大月氏人之后，大月氏人迁入锡尔河以北，导致这一地区的塞种人渡过锡尔河南下，再之后，是大月氏人越过锡尔河南下，使塞种人再一步南迁。

据西方史籍记载，大约在公元前140年前后，有四个塞种人的部落攻灭了大夏，而这些塞种人，可能就是受到来自大月氏人的压力而迁徙的部落。随后，大月氏人也进入这一地区，成功地征服了大夏，并在这里建立起自己的帝国——贵霜帝国。

月氏的西迁，引起了中亚、西亚一系列政权和民族的变动，但如果与匈奴西迁所造成的严重后果相比，月氏西迁的影响就显得小得多了。

在汉武帝以后，经历汉昭帝、宣帝在位期间，西汉王朝与匈奴进行了70多年的战争，其间共进行了十四五次大的战役，小的战役、局部战役以及遭遇战不计其数。匈奴帝国在公元前57年左右发生分裂，此后不久，呼韩邪单于归附西汉，率所部南迁至阴山附近。西汉与匈奴的战争暂时告一段落。东汉王朝建立之后，与匈奴人重新开战。至公元 48 年，匈奴分裂为南北二部，呼韩邪单于之孙日逐王比率 4 万多人南下附汉，这就是南匈奴，而留居在漠北草原的则被称为北匈奴。

大约在公元 89 年至 91 年之间，北匈奴开始了漫长的西迁之路。他们不会想到，自己竟然有着与其宿敌大月氏人相似的命运。

匈奴西迁的第一站是伊犁河流域。这一方面是为了躲避东汉重兵的打击，另一方面也是为了控制西域各国。但是，在汉将班勇、斐岑、司马达的连续打击下，匈奴人难以在此立足，不得不进一步向西迁徙。

匈奴西迁的第二站是中亚的锡尔河流域。他们可能是在公元 160 年左

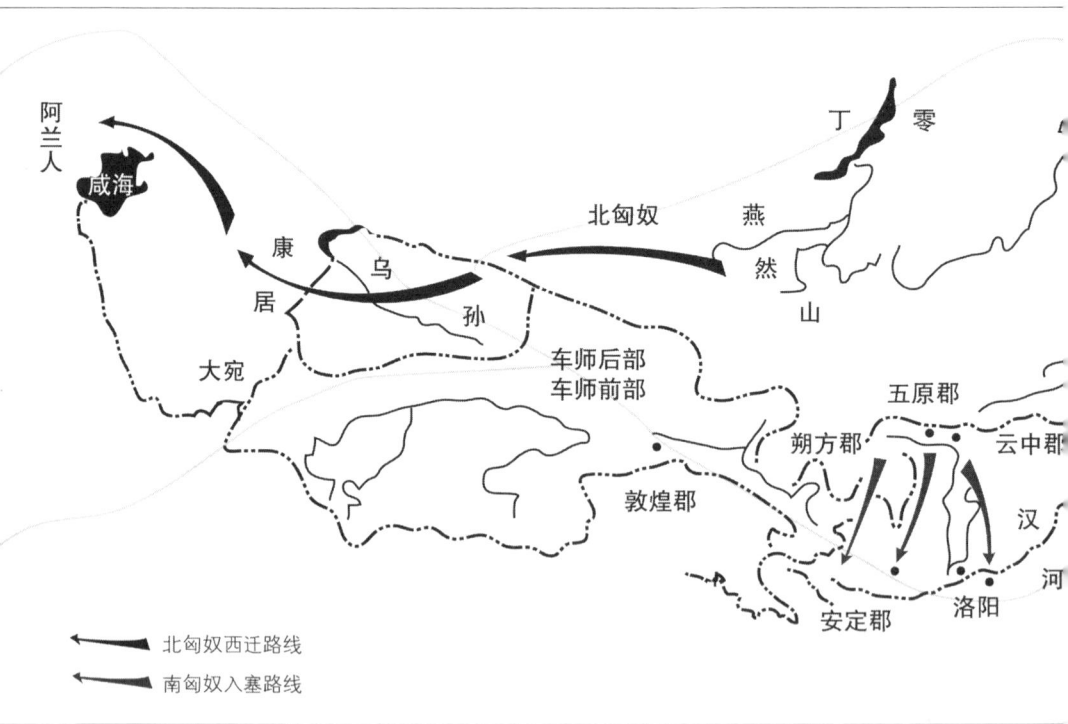

匈奴西迁路线图

右，来到位于咸海北部的康居。但是，由于史料记载的匮乏，北匈奴为何离开康居，开始了他们的进一步西迁，却是一个永远无法解开的历史之谜了。

此后，匈奴人在历史记载中消失了约200年之久，当他们出现在西方史书的记载中时，他们已经活动在顿河以东、里海以北了，这是匈奴西迁的第三站。在4世纪70年代，匈奴人出现在顿河以东、里海以北的时候，就已经征服了当地的阿兰国。被击溃的阿兰人曾与汪达尔人（Vandars）一道，西迁至法兰西和西班牙，并与后者在北非建国（418—534年）。

在阿兰国休整之后的匈奴人，恢复了他们昔日的雄风，他们不再是旷野中的流浪者，而真正地成为开始征服欧洲的勇士了。匈奴人的西迁步入了最后一个阶段——征服欧洲东部，并最终在那里建立起一个令所有欧洲君主感到恐惧的帝国。

在追击阿兰人渡过顿河以后，匈奴人向居住在顿河和德涅斯特河之间的东哥特人发动了进攻。号称勇猛的东哥特人惨败，国王赫曼立克（Hermanrik）自杀，继位的维席密尔（Vithimir）在苦苦支撑了几个月以后，兵败被杀。赫曼立克之子率领一部分东哥特人向匈奴人投降，大量的东哥特人渡过德涅斯特河，迁往西哥特人的居住区避难。匈奴人尾随其后，追击到西哥特人的居住地。西哥特人在德涅斯特河摆下阵势，准备迎击匈奴，而匈奴人却趁夜晚偷偷从德涅斯特河上游渡河，然后抄袭西哥特人的背后，西哥特人大败，只得进入罗马帝国避难。

公元395年冬，匈奴人攻入色雷斯，大掠而返。公元400年，匈奴人再次攻入色雷斯，此后对色雷斯连年侵扰。也是在这一年，匈奴人开始向东罗马帝国发起了进攻，东罗马帝国无奈，只能以每年输送若干黄金的方式来苟延残喘。与此同时，以哥特人为代表的日耳曼人各部落，也开始在罗马帝国的境内横冲直撞。在经历了一系列劫掠之后，大约至5世纪70年代，西罗马帝国正式灭亡。此后，欧洲进入了一个混乱的"蛮族"化的时代，这也是欧洲现今政治格局多元化的开始，而这一切不能不说是起源于匈奴人的西进。

在匈奴最后一位单于阿提拉去世之后，匈奴人因内讧，被东哥特人和吉皮特人的联军打败，自此匈奴人退出了欧洲历史舞台，并在历史的长河中消失。

就在匈奴人在欧洲肆虐之际，由于受到东方新兴起的柔然的挤压，嚈哒人的祖先不得不离开阿尔泰山，向更遥远的西方走去。嚈哒帝国在中亚、西亚的历史从此展开。

大约在 4 世纪 70 年代初，嚈哒人越过巴尔喀什湖及楚河流域，来到中亚的索格底亚那，他们顺利地控制了柴拉夫善河流域，曾经占据这一地区的康居国消失了。此后，嚈哒人以中亚为根据地，西击波斯、南征印度，灭亡贵霜帝国，将波斯帝国变成其属国。只是好景不长，新兴起的突厥人就给嚈哒人带来了灭顶之灾。在嚈哒人的国家灭亡以后，嚈哒余众散居北亚、中亚和南亚次大陆各个地区，只要是嚈哒人曾经征服过的土地，都有他们后人的身影，只不过他们不再是强大的嚈哒，而是融入了当地民族，嚈哒作为一个民族从此在历史上消失了。

月氏人西迁，匈奴人西迁，甚至是嚈哒人的迁徙，都在欧亚草原上掀起了一次次"多米诺"式的民族迁徙。不仅对中亚、西亚、欧洲各国的政局产生了深远的影响，而且对当地经济、文化、民族等方面都产生了不可估量的影响，这是从东方的海洋里涌向西方的第一次浪潮。

异域风情的传入

不管是出于何种目的，从丝绸之路开通以来，东西方之间的影响，就在不知不觉中进行着。

首先，我们可以看到一些物质层面的东西。中国的物品，如丝绸、纸张、铁器、瓷器和漆器，以及中国的技术，如养蚕技术、纺织技术等，都开始向西传播，而其中最重要的当属丝绸。

中国丝绸的外销最早始于先秦时期，一直到汉唐时仍是中国最主要的外销产品。张骞通西域之后，汉使出使西域，一年之内少则五六次，多则十几次，每次人数都在百余人至数百人不等，这实际上是以政府名义组织的贸易队伍。不过，恐怕西方商人才是丝绸之路贸易的主体，尤其是中亚商人。史书中记载，大宛至安息的居民普遍善于经商，两汉时期"西域贾胡"已经深入中国各地，到南北朝时期更是有大量的西域商人云集中原，为了接待他们，北魏特设了"四夷馆"和"四夷市"，而这其中从事丝绸买卖的占大多数。

自西汉以来，罗马帝国就已经成为中国丝绸的最大主顾。罗马人对中国丝绸的喜爱已经达到痴迷的程度。据说，公元前48年，在罗马的一次庆功宴上，当时的实际统治者凯撒突然脱掉外套，露出了他的丝绸长袍，令在场所有人无比惊讶和羡慕。

由于销往罗马的丝绸大都由中亚、西亚民族，甚至是南亚的印度商人操控，这就使得丝绸的价格十分昂贵。在罗马帝国后期，中国丝绸的价格一度曾经与黄金等值。据统计，在1世纪后期，罗马每年都要向阿拉伯半岛、印度和中国支付至少一亿金币（超过100万英镑）的丝绸货款，仅公元前31年至公元192年间，罗马帝国就在对东方的贸易中损失了约1亿英镑，这也是后来罗马帝国经济衰退的重要原因之一。

罗马帝国分裂后，东罗马帝国对丝绸的迷恋程度比之以前有过之而无不及。罗马帝国时，仅仅是上层贵族才穿丝绸衣服；而在东罗马帝国时，各个阶层的民众，不分贵贱，都身穿丝绸。公元401年，东罗马帝国皇帝狄奥多西二世（Theodosius Ⅱ）受洗君士坦丁堡时，"全城的人都头戴花环，身穿丝绸袍服"。这种对丝绸的迷恋，直到公元552年养蚕技术传入之后才减弱。

伴随着丝绸的西传，西方人一直试图将中国的养蚕技术和纺织技术移植过来，但这一技术的外传一直到很晚以后才实现。

这两项技术首先在西域的于阗（今和田）和高昌（今吐鲁番东）推广。据说，由于中国皇帝不愿蚕种外传，出嫁给于阗国王的中国公主，是将蚕种藏在凤冠之中带到于阗的。当然这仅仅是传说，因为东汉时中国并未与于阗联姻。

伊朗民间传说，萨珊波斯的两位使者沿着丝绸之路来到中国，学会了养蚕缫丝技术后，将蚕种放在竹筒中带回伊朗，并在当地饲养桑蚕成功。说到蚕种传入东罗马帝国，也存在一个类似的传说。公元552年，几个僧侣从印度来到拜占庭，迎合当时东罗马皇帝查士丁尼不愿再从波斯人手中购买生丝的意愿，称自己从印度以北的塞里斯国学会了养蚕之法，并能将蚕种带到东罗马。东罗马皇帝相信了这几个僧人，而且他们也成功地培育

萨珊银币

出了桑蚕，从此开始了东罗马养蚕的历史。

在中国的丝绸、铁器、纸张等物品以及技术传入西方的同时，大量产自异域的奇珍异物，也随着丝绸之路的畅通，源源不断地流入中国。如西域马、石榴、苜蓿、葡萄，等等。外国的金银币、金银器、玻璃器，以及一些奢侈品，也在这一时期大量流入中国。印度的制糖术、医学，也随着佛教的东传而进入中国。西方的装饰艺术，尤其是源自安息和波斯的动植物装饰图案，被中国工匠大量用于绘画、石刻等艺术当中。西域音乐、舞蹈在这一时期也大量传入中国。但是，对中国文化影响最为巨大的舶来品显然当属佛教。

佛教产生于公元前6—前5世纪的古印度，是在古印度婆罗门教、耆那教的基础上发展而来的。大约在印度孔雀王朝阿育王（公元前268—前232年）和贵霜王朝的迦腻色迦统治时期（1世纪末至2世纪上半叶），佛教在印度获得迅速发展。大约在公元前3世纪后半叶，佛教的影响就已经达到了中亚及西域。公元1世纪末至2世纪，贵霜帝国势力的扩展，也促使佛教在今西域喀什噶尔、于阗一带广泛传播。也是在此时期，佛教经由中亚传入中国内地。

关于佛教传入中国，古代一直流传着这样一个故事。

东汉明帝有一次夜里做梦，梦见一个身上放光的神人，在宫殿前飞行。第二天他问大臣们，这是什么神。傅奕告诉汉明帝，他应该是梦见了西方的佛。于是汉明帝就派遣使者前往西域访求佛法。在公元67年，这些使者带着两位印度僧人释摩腾和竺法兰回到了东汉的首都洛阳，也带回了经书和佛像。带回的经书，相传就是现存的《四十二章经》。为了安置这两位僧人和他们带来的经书、佛像，在洛阳建造了中国历史上第一座佛教寺院。因为是用一匹白马驮来的经书，所以寺院就以白马寺命名。传说这就是现在洛阳的白马寺。这个故事说佛教是在东汉永平年间传入中国的，史称"永平求法"。

直至今日，中国佛教界大多还根据"永平求法"的传说，认为佛教传入中国是在东汉永平年间，或者笼络地说，是公元1世纪。但学者多认为，佛教的传入不会如此之晚，应该早在西汉就已经传入中国了。

从五胡十六国时期开始，佛教在中国的传播呈加速之势。唐代诗人杜牧在《江南春》一诗中吟道："南朝四百八十寺，多少楼台烟雨中。"实际上，南朝的寺院远不止480座。早在东晋时，南方的佛教寺院就已经超过了1700座，至南朝梁，已经达到2846座了。北朝的数字还远高于此，北魏有寺庙3万余处，僧尼近200万人。到北魏分裂之后的北齐、北周时代，

敦煌莫高窟

北方的寺庙达 4 万处，僧尼近 300 万人。

佛教不仅仅作为一种宗教信仰在中国流行，其文化、思想更是深深地影响着中国。佛教的绘画、建筑、雕塑艺术都对中国产生深远影响。保存至今的四大石窟：敦煌的莫高窟、大同的云冈石窟、洛阳的龙门石窟、天水的麦积山石窟，就是佛教建筑、雕塑艺术影响中国的典型代表。

这一时期传入中国的外来宗教还有祆教，中国史籍中又称之为拜火教、波斯教，等等，祆教这一专有名称正式出现是在隋末唐初。起初，人们认为这是对源自波斯的琐罗亚斯德（Zarathustra）教的称呼，但近来学者们纷纷提出，传入中国的祆教是琐罗亚斯德教的粟特变种。大约在公元 3 世纪末至 4 世纪初，祆教已经随着粟特商人进入中国。目前发现的西晋永嘉五年（311 年）的"粟特文古信札"中，已经出现了关于祆教的信息；北方少数民族政权，有很多是信仰祆教的，如后赵政权（319—350 年）。在此期间，还设有专门管理祆教的官员——萨甫。

祆教作为一种宗教形态，在中国历史上存在五个世纪之后，因政府的取缔而消失，当然它对中国社会以及一些民俗文化产生的影响，在后世中国源远流长。

两汉是陆路丝绸之路发展、繁荣的时期，是中西方交流、对抗的第一个发展阶段，也是中西方第一次真正的接触期。中西方的遭遇，不仅对西方社会的变迁带来了深刻的影响，也为中国社会的深刻变化奠定了基础。

隋唐的兴起，使中国结束了长达四个世纪的分裂时期，并走向中国古典时代发展的顶峰。随着大唐势力进入中亚，在中亚广设羁縻府州，中国在中亚、西亚乃至欧洲的影响力在迅速上升。但是，由于阿拉伯人的兴起，西亚、北非被囊括于一个新兴帝国的境内，中国与欧洲之间出现了一个强大而且统一的伊斯兰帝国，加之伊斯兰世界与东罗马帝国之间的敌对关系，使中国失去了与东罗马帝国这一"千年帝国"建立直接联系的可能，中国与欧洲再一次失之交臂。但是，也正是在这一时期里，西域各地的文化风俗，通过丝绸之路源源不断地涌入中国，默默地改造着中国人的风俗以及中国的文化，盛唐这一中国古典文化发展的巅峰，呈现出极强的异域文化的影响。

西突厥和拜占庭

西突厥兴起的时代正是中国处于南北对立的时代，中原王朝无力对西域进行经营，西突厥对西域诸国进行整合，遂基本统一了中亚地区，成为丝绸之路东段的控制者。

突厥人起初生活在叶尼塞河上游，准噶尔盆地以北，后迁居于博格多山。5 世纪中叶，突厥人沦为柔然的奴隶，为其锻造铁器，因此被称为"锻奴"。至 546 年，突厥首领阿史那土门统治时期，突厥不断壮大，击败了进犯柔然的铁勒诸部，实力为之大涨。阿史那土门借机向柔然首领阿那瑰求婚，但是阿那瑰因土门奴隶的身份，没有答应他的求婚。阿史那土门一气之下于 552 年带领族众叛离柔然，成立突厥汗国，自称伊利可汗。

在突厥汗国建立以后，阿史那土门将整个汗国分为东西两部分进行管理。东部以额尔浑河为中心的疆域，由阿史那土门统辖；西部以伊犁河为中心的疆域，由其弟室点密统辖。在室点密时期，虽然西突厥并没有从突厥汗国中分离出来，但是它已经成为一个比较独立的政治势力，具有很大的自主性和独立性。

公元 576 年，室点密去世，其子自立为达头可汗，在其继位的第六年，可汗王庭发生了内讧，突厥汗国分裂。至达头可汗之孙射匮可汗时期，正式建立了西突厥汗国。在射匮之弟统叶护可汗时期（615—627 年），西突厥北并铁勒，实力达到了鼎盛。

突厥向西方的扩张是在木杆可汗在位时期进行的，此时的突厥人要面对的是中亚两大政治力量——嚈哒帝国和萨珊朝波斯（226—650 年）。为了夺取对丝绸之路的控制权，嚈哒和波斯两大帝国，一个占据中亚两河流域，一个占据伊朗高原，长期对抗，不断地进行着战争。也许是游牧民族出身的嚈哒人具有比较强的骑兵的缘故，在双方长期的对抗中，嚈哒逐渐占据了优势地位。5 世纪中期以后，波斯成为嚈哒的附属国，每年向嚈哒人输送大量的黄金和白银。

当突厥人的势力进入中亚的时候，正当波斯中兴之主库思老一世（Khosrou Anouschivwan）在位期间，在经过一系列改革以后，波斯帝国逐渐强大，库思老一世正在考虑最终摆脱嚈哒人的控制，并再一次与嚈哒较量。不过，波斯帝国显然还不具备灭亡嚈哒帝国的实力，对即将发动的对嚈哒人的战争，库思老一世并没有获胜的把握，他需要一个盟友。而垂涎于丝绸之路丰厚利润的突厥人，急于在中亚确立起自己的统治地位，为达到这一目的，与之相邻的嚈哒政权就成为突厥人第一个进攻目标，突厥人也非常希望找到一位盟友，来共同灭亡嚈哒帝国。因此，突厥与波斯之间一拍即合，订立了东西夹攻嚈哒、灭亡嚈哒后瓜分其疆域的协议。

为了能使对付嚈哒的联盟更加稳固，双方采取的是联姻的方式，波斯王库思老一世迎娶了突厥木杆可汗之女为妻。双方对嚈哒帝国的战争也很快就拉开了序幕。

中国史书对于突厥和波斯夹攻嚈哒的战争记载非常简略，仅仅是说突厥的室点密统领 10 万兵力，平定西域诸胡国，而嚈哒也在其中。而西方史料的记载就要详细得多了。

我们通过西方史书的记载可以了解到，波斯、突厥双方对于这场战争都很重视，库思老一世和室点密都亲自率军赶往前线。西突厥的军队在室点密的带领下向西进军，很快就攻克了阿姆河以北的嚈哒领土，并渡河南下，破其都城，击溃嚈哒主力部队。波斯的军队则在库思老一世的带领下向东进发，攻占了嚈哒在阿姆河以南的土地。至 567 年，嚈哒在波斯和西突厥的夹击下灭亡。

波斯和西突厥以阿姆河为界瓜分了嚈哒的领土，阿姆河成为波斯和西突厥的界河。此后，室点密又率西突厥军队击败了阿瓦尔人，并平定了阿姆河以北的嚈哒残余势力，将索格底亚那地区的安国、康国、史国等地纳入突厥版图。突厥人终于如愿以偿，成为丝绸之路上的强国，开始享受到丝绸之路贸易带来的巨额利润。

应该说，波斯和西突厥联合灭亡嚈哒的战争，西突厥所获得的利益是远远大于波斯的。西突厥不仅占领了嚈哒阿姆河以北的领土，更为重要的是，西突厥取代嚈哒，成为丝绸之路中亚段的掌控者，但是突厥人并不以此为满足，而是希望进一步扩大他们从丝绸贸易中的获利，而这终于成为突厥和波斯矛盾冲突的导火索。

在突厥人与波斯人的冲突中，一位中亚粟特族商人活跃于其中，他的名字叫马涅亚克 (Maniach)。

在丝绸之路的贸易兴起以后，中亚地区出现了一批以贩卖丝绸为业的商人，中国史书中一般称其为胡商，其中最有名的当数粟特商人。粟特商人具有悠久的经商传统，对于经商一道颇有经验。丝绸之路开通后，粟特商人便沿线建立了许多商业据点和侨居地，在中亚构建起了极为宽广的商业网。在嚈哒人掌握丝路时，粟特胡商为了能更好地进行丝绸贸易，便依附于嚈哒政权。在突厥与波斯瓜分嚈哒的疆域时，位于中亚的粟特人的分布区被置于西突厥汗国的统治之下，粟特商人便转而依附于西突厥政权。

粟特人俑

西突厥政权虽然控制了丝绸之路的中亚路段，但作为游牧民族的突厥人并不善于经商，作为统治者，他们也不屑于亲自从事商业以谋取利润，他们更愿意将汗国内的商业托付给擅长此道的粟特商人，而满足于从粟特商人那里得到部分商业利润，坐享其成。因此，在灭亡嚈哒后不久，室点密便将汗国内的丝绸贸易之事交给了粟特商人。

此时的丝绸之路大体上可以分为四段，控制在中国人手中的东段，控制在突厥人手中的中亚段，控制在波斯人手中的西亚段，以及控制在拜占庭帝国手中的西段。利用中国处于南北朝的分裂时期，不存在统一强大政权的时机，突厥人可以很轻松地从东方获得丝绸，并操纵丝绸之路的东段。但是，在将丝绸运往西方消费地的途中，在经过从前的盟友波斯帝国控制下的丝绸之路西亚段的时候，却遇到了比较大的阻力。

波斯帝国利用自己掌控丝绸之路西亚段的优势，从事对丝绸的转口贸易以获取巨额的利润，波斯还牢牢掌握着锡兰的丝绸市场，不仅可以通过陆路，还可以通过海路运进丝绸，此时的波斯境内还具有生产丝绸的能力，考虑到以上种种因素，波斯帝国对于从东方进口丝绸有着严格的限制，这显然也就是对西突厥汗国向西方出口丝绸的限制。

粟特商人向西方的商业行为受到了来自波斯帝国的阻碍，他们很自然地向他们新的宗主突厥人诉苦。为了获得丝绸贸易所带来的利润，西突厥可汗室点密接受了粟特商人的请求，决定以汗国的名义遣使波斯，请求波斯这个盟国允许他们在波斯境内自由贩卖丝绸。这个使团的首领，就是粟特商人马涅亚克。

马涅亚克向波斯皇帝库思老一世献上室点密可汗的厚礼，其中包括大量产自中国的精美丝绸。但是，库思老一世断然拒绝了马涅亚克自由贸易的请求，在利益面前，一切说辞都显得苍白无力。嚈哒帝国已经灭亡了，波斯和西突厥联盟的基础已经不复存在了，彼此间基于利益的矛盾开始凸显出来，并在马涅亚克出使的过程中爆发。

根据拜占庭史家弥南德的《希腊史残卷》（载于〔英〕H. 裕尔撰；〔法〕H. 考迪埃修订；张绪山译的《东域纪程录丛》）记载，库思老一世对于突厥汗国派来的粟特商人使团的请求极为不悦：

西扎布鲁（室点密）派出以马涅亚克为首的粟特使团，前往波斯，拜见国王波斯王，请求准许粟特人在波斯自由贩卖生丝。波斯王对此要求感到极为不快，不愿意让突厥人自由进入波斯境内，所以托至次日不作答复，并一拖再拖。数度拖延后，粟特人仍坚持要求给以答复，库思老召集臣僚讨论此事。此时嚈哒人喀图尔富……劝波斯王绝不可使粟特丝绸自由出入，并把使团带来的生丝买下来，付给公平的价格，然后再当着突厥使团的面将它焚毁，以示波斯王行事公正，同时表明波斯王不愿使用来自突厥的生丝。于是生丝被烧掉，粟特使团回国。

粟特使团回国后，将所发生的一切都向室点密作了报告。室点密并没有放弃，又一次派遣使团到达波斯。这一次，为了表示对突厥丝绸的坚决抵制，使突厥不再派使团前来，库思老一世采取了极为极端的方式：

第二个突厥使团到达波斯，波斯王与高级官员及喀图尔富讨论后认定，斯基泰人生性不仁不义，与突厥人建立友好关系，完全违背波斯的利益。波斯王遂命令毒死一些使团成员，以阻止他们此后再前来。除三四人幸免外，突厥使团大多数成员被掺入食物的致命毒药鸩死；同时波斯王又使人在波斯人中散布消息，说突厥使者不适应波斯燥热气候，窒息而死，因为突厥国土常年为冰雪覆盖，所以远离寒冷气候即无法生存。虽然幸免者难免怀疑其中别有原因，但是回国后仍像波斯人一样摇唇鼓舌，散布同样的消息。

但是室点密并没有被波斯人拙劣的谎言所蒙骗，他发现通过和平手段已经无法达到目的了，他决定报复波斯人，以武力解决问题。

569年突厥人挥师南下，渡过阿姆河，将波斯占领的原嚈哒领土收归己有，打通了通往印度西海岸的道路。但是，此举并没有打破波斯对西方丝绸贸易的垄断。因此，西突厥怀着对付嚈哒一样的目的，急需一个盟友来一起对付波斯，为此室点密又派出马涅亚克率领使团出使拜占庭帝国。

拜占庭，亦称东罗马帝国，在隋唐史书中也被称为拂菻。330年，罗马皇帝君士坦丁大帝将罗马帝国的首都迁往希腊旧城——拜占庭，改名为君士坦丁堡。395年，罗马帝国分裂。西罗马帝国于476年灭亡，原罗马帝国的西部地区为日耳曼民族占据：西哥特人统治西班牙、东哥特人统治意大利、汪达尔人统治非洲北部、法兰克和勃艮第人统治高卢。而位于东部地区的拜占庭帝国却逐渐强盛起来，一直存在到1453年，因此被历史学家们称为"千年帝国"。

在拜占庭帝国的东部地区横亘着一个庞大的帝国——萨珊波斯，和拜占庭在领土和贸易上时有摩擦。波斯利用自己垄断东西方丝绸贸易的优势，使得拜占庭在和波斯的对抗中受制于自己，不得不妥协，给予波斯大量的金币以谋求和平。

527年，拜占庭的第一位强势皇帝查士丁尼一世上台，发动了对波斯的战争。

528年，波斯大将扎基西斯率军3万，先发制人，向拜占庭军队发动猛攻，于次年在尼亚比斯以压倒性的优势逼退拜占庭将领贝利撒留。翌年，双方军队在两河的德拉城展开决战，由于波斯方面的失误，拜占庭以弱胜强，取得了此次战争的胜利。

532年，双方签订停战协议，拜占庭撤回德拉城的驻军，为了能够进一步保障东部的稳定，查士丁尼一世在战争胜利的情况下，反而向波斯支付了1000磅黄金，希望能和波斯讲和。

在解决了东部的威胁以后，查士丁尼一世开始了他的宏大计划。533年，查士丁尼一世派贝利撒留出征非洲，对汪达尔人展开攻势。虽然他带去的军队不足2万，但是在当地向导以及贝利撒留的迂回战术下，汪达尔人根本无法有效抵挡贝利撒留，于534年投降，汪达尔王国灭亡。拜占庭帝国占据了非洲北部广大的畜牧基地。随后，拜占庭借东哥特人内部出现王位纷争之机，将战争的矛头指向了东哥特人。535 年，拜占庭军队对达尔马提亚发动了进攻，未果。此后贝利撒留由西西里岛登陆，并迅速占领了那不勒斯。536 年，贝利撒留占领罗马，538 年，拜占庭军队占领米兰。查士丁尼恢复罗马帝国昔日疆域的宏伟计划似乎有了实现的可能，但就在此时，波斯发动了对拜占庭的战争。

库思老一世违背与拜占庭签订的和约，于 540 年亲率大军从泰西封出发，对幼发拉底河一带的拜占庭军队发动了突袭，先后攻下希拉波利斯、卡尔基斯，而后一路攻占到叙利亚首都安条克，并对此地进行了大肆的烧杀抢掠。543 年，库思老一世进攻亚美尼亚，并于次年亲征美索不达米亚。因此，查士丁尼一世不得不于 545 年和波斯签订停战协议，拜占庭将所有被波斯占领的领土收回，代价是支付 2000 磅黄金。

但是没过多久，549 年，两国又发生战争。直到 562 年双方再次签订和约，波斯撤军，拜占庭则向波斯每年支付黄金 18000 磅，有效期为 50 年。不仅如此，在丝绸贸易上，拜占庭也一直受制于波斯。

拜占庭帝国仍旧是丝绸制品的重要消费地。自基督教合法地位确定以后，丝绸因奢侈之风的盛行而大量被用于教会活动，拜占庭境内丝绸的消耗量在与日俱增。但是，丝绸之路的西亚段一直为萨珊波斯所控制，波斯人垄断了东西方之间的丝绸贸易，严禁东方民族和西方民族进行直接的丝绸贸易，拜占庭所消耗的丝织产品基本上都是通过萨珊波斯获得的，为此拜占庭帝国不得不付出高额的代价。

为了改变对波斯的劣势，能够购买到廉价的丝绸，查士丁尼一世决定绕开萨珊波斯，与东方民族进行直接贸易。查士丁尼一世曾企图通过位于黑海北部的克里米亚半岛上的匈奴部落和东方进行丝绸贸易，他对匈奴可

查士丁尼一世

汗戈洛德进行了洗礼，并建立友好关系。但是，令查士丁尼一世大失所望的是，戈洛德因匈奴部落的暴动而失去了统治地位，查士丁尼希望通过黑海地区的匈奴部落来开辟黑海以北草原丝路的设想宣告失败。

查士丁尼也曾经试图通过南部的海上贸易路线获得丝绸，以打破波斯人对拜占庭帝国的贸易垄断。531年，查士丁尼遣使拜占庭帝国在北非的盟友，今埃塞俄比亚的阿克苏姆王国，说服他们派商团通过海路前往锡兰（今斯里兰卡）购买丝绸，再转卖给拜占庭人，因为这样做他们的商团可以赚取很多钱，而罗马人也可以在一方面受益，即不再把钱送给它的敌人——波斯。此时的拜占庭帝国还控制着北非、埃及以及东地中海地区，他们可以通过在红海东北角的阿乌拉港和南部的克里斯马港，将阿克苏姆人带来的丝绸转运到安条克以及君士坦丁堡。

阿克苏姆王国控制着由红海进入印度洋的通道，具备远航至南亚的航海技术，他们也确实接受了拜占庭人的建议，开始从事与锡兰之间的丝绸贸易，但是，查士丁尼的计划最终仍旧归于失败。原因可能主要是两方面。一方面，阿克苏姆人无力在锡兰的丝绸贸易市场上和波斯人竞争。波斯控制的海港比阿克苏姆王国的港口更加靠近印度次大陆，波斯商人往往能赶在阿克苏姆商人之前将丝货全都买走；另一方面，阿克苏姆人对从事与锡兰的丝绸贸易热情不高，他们之所以答应查士丁尼一世的建议，只是为了借助于拜占庭帝国的力量，来完成对红海地区的绝对掌控。事实上，在查士丁尼一世遣使阿克苏姆不久后，便出兵占据阿拉伯半岛南部的也门地区，支持阿克苏姆王国干涉该地区的宗教纷争。

两次尝试，两度失败，拜占庭帝国急需发现新的渠道，以打破波斯人对丝绸贸易的垄断地位。就是在这种情况下，拜占庭帝国意外地迎来了以粟特人马涅亚克为首的西突厥汗国的使团。

马涅亚克一行取道于里海、黑海以北的草原通道，翻越高加索山脉，最终抵达拜占庭首都君士坦丁堡。他们携带着大量的生丝以及室点密可汗的书信，向拜占庭转达了进行贸易和联手对付波斯帝国的信息。

当时拜占庭的皇帝已经是查士丁二世了，他热情接待了突厥使团。弥南德对于查士丁二世接见突厥使团的谈话内容有详细的记载：

突厥国书以斯基泰文字写成，罗马皇帝通过译官读过国书后，盛情款待突厥使团，然后询问使者突厥人之政府如何组织、其国位于何处。突厥使者告诉皇帝，其国分为四部，但统治全国之权为西扎布鲁一人独揽。又告诉皇帝，突厥已经征服嚈哒，使他们臣服。皇帝于是发问："那么，你们已经征服嚈哒全国了吗？"使者回答："已全部征服。"皇帝又问："嚈哒人居住在城市还是乡村？"回答："陛下，嚈哒人居于城市。""那么，"皇帝说，"你们显然已占领那些城市啦！"
回答："确实如此。"皇帝说："告诉我们，有多少阿瓦尔人（Avars）
叛离突厥，是否还有阿瓦尔人归突厥统治？""陛下，还有一些仍
依附于我们。逃跑的阿瓦尔人大约有 2 万人左右。"

突厥使团的到来，对拜占庭而言是千载难逢的机遇，双方一拍即合，
达成协议，建立了联盟关系。但是在结盟时，双方都没有提起丝绸贸易的
问题。原因很简单，双方都想为自己争取最大的利益。因为突厥使团的到
来，就是为了销售生丝，以获取利益，而拜占庭则是希望买到廉价的生丝，
在这一点上，双方是存在矛盾的。

但是，查士丁二世很巧妙地将主导权掌握在自己的手上。在突厥使团
来到君士坦丁堡后，查士丁二世故意带领突厥使团去参观拜占庭的育蚕法
和自己生产的丝绸，这实际上是在向西突厥表明，拜占庭对于西突厥的丝
货需求并不是十分大，从而使自己处于一个十分有利的谈判地位。对此，
突厥使团并没有提及丝绸贸易的相关问题，转而和拜占庭进行政治联盟，
建立起比较稳定的政治关系。

西突厥使团到达君士坦丁堡后，对拜占庭皇帝作出了如下的承诺："突
厥人愿意为罗马帝国效力，击退入侵罗马帝国领土的敌人。"西突厥人也
认识到，此时双方谈判的主导权在查士丁二世手上，如果在此时和其商讨
丝绸贸易的问题，绝对无法达到粟特商人的目的——将丝绸贸易的利益最
大化，与其这样倒不如和拜占庭结盟，形成稳定的政治关系，丝绸贸易的
问题在以后也可以逐步搬上台面。

作为对西突厥遣使的回应，569 年 8 月初，查士丁二世派遣西里西亚
人蔡马库斯随马涅亚克回访西突厥王庭。蔡马库斯一行经过多日的跋涉来
到粟特境内，然后辗转前往西突厥的王庭——爱克塔山。蔡马库斯一行受

到了西突厥可汗室点密的热烈欢迎，室点密不仅亲自接待蔡马库斯一行，而且设宴款待他们。这类宴会的举行不仅极为频繁，而且持续的时间也是相当长。

在蔡马库斯出使西突厥期间，有一件事能够比较明显地反映此时期拜占庭和西突厥的关系。蔡马库斯在将要结束其出使任务返回时，恰逢西突厥举兵攻打萨珊波斯。室点密让其跟随出征，剩余的人先行回归。弥南德对此进行了较为详细的记载：

> 蔡马库斯一行在突厥驻留时，西扎布鲁决定让蔡马库斯率二十人随他出征波斯，……西扎布鲁率军队向前进发，宿营于怛罗斯，逢波斯使者前来求见，西扎布鲁邀波斯使者并蔡马库斯同进宴席。宴席之上，西扎布鲁对罗马使者优礼有加，使其坐于上座；历数波斯人的过错及对自己的伤害，因此对波斯兴师问罪。西扎布鲁情绪激昂，声色俱厉，波斯使者亦不顾宴会上保持沉默的礼俗，奋起抗辩，力驳西扎布鲁的指责，全无惧色。在场之人于波斯使者动怒、无不震惊，因其不顾礼节，用辞激烈。事态至此，彼此离去，西扎布鲁准备进攻波斯。

蔡马库斯一行是对西突厥遣使的回应，同时也带着试探西突厥的任务，看西突厥是否真的有和拜占庭联合对付波斯的决心。室点密显然也意识到了这一点，因此才故意做出此姿态给蔡马库斯看。

室点密遣蔡马库斯返回拜占庭，随行的还有突厥使团。当时马涅亚克已故，室点密派遣的是突厥人塔格马和马涅亚克之子，率使团前往君士坦丁堡。

蔡马库斯一行人返回拜占庭的路途并不顺利，他们需要绕过波斯境内，只能沿着粟特商人开辟的草原丝路进发拜占庭。他们从怛罗斯出发，渡过锡尔河，沿着咸海，来到里海东北岸，而后相继渡过恩巴河、乌拉尔河以及伏尔加河，并经高加索至黑海岸边，随后乘船返回君士坦丁堡。途中，蔡马库斯一行甚至遇到了3000余波斯人的伏击，如果不是阿兰人的指点，他们差一点儿就尽数被波斯人俘掳了。

据弥南德的记载，此后拜占庭与西突厥之间还曾互派过几次使团。其中，拜占庭派遣瓦伦丁出使西突厥可以说是至关重要的一次。

573年，查士丁二世去世，提比留斯继位。为了将新皇继位的消息告知西突厥，以继续维系两国的友好关系，并顺便将多达106人的在拜占庭经商的突厥使者护送回国，576年，提比留斯派遣瓦伦丁出使西突厥。

但出人意料的是，瓦伦丁此行并没有收到预期的效果，反而成为拜占庭和西突厥关系的转折点。适逢室点密去世，其子达头可汗即位。瓦伦丁被强迫按照突厥习俗对室点密致丧，同时还被指是骗子，因为拜占庭声称从西突厥到拜占庭只有越过高加索山脉才能到达，但此时，西突厥却获悉了拜占庭一直在经营着从多瑙河下游到君士坦丁堡的道路。瓦伦丁一行在西突厥汗庭被极尽侮辱后才返回拜占庭。

虽然两者的政治同盟破裂，但是在对波斯的行动上却仍具有共同利益。588年，西突厥和拜占庭在东西两线先后出兵进攻波斯。626年，波斯联合阿瓦尔人进攻拜占庭，包围君士坦丁堡，但在亲征的皇帝希拉克略的指挥下，拜占庭军队取得了胜利。随后希拉克略和可萨部可汗哲别尔和亲，双方联合入侵波斯领土。

但是，这场最初由丝绸贸易引发的多国间战争，最终连参战国也不知道究竟是为何而战了。就在西突厥、波斯、拜占庭连年战争的时候，东方的中国正在结束持续四个世纪的分裂，由隋朝统一中国，并在随后的唐朝，达到中国古典时代发展的最高峰。

大唐西进

589 年，隋朝正式统一了中国，并开始经营西域。隋文帝时期，对西域实行"远交近攻，离强合弱"的策略，这是由深悉突厥内部情况的长孙晟提出的。581 年，隋文帝派遣太仆元晖出使西域。元晖经伊吾道抵达西突厥的汗庭，赐达头可汗狼头纛（dào），达头派遣使者与元晖一同入隋朝贡，隋朝与西突厥达成联合。但隋朝与突厥的关系时亲时离，随着隋朝的灭亡，中原地区再次陷入战乱之中，突厥在北方的势力也就再一次迅速膨胀。

618 年唐王朝建立，并迅速削平各地的割据势力，重新统一了中国。在唐太宗李世民继位之后，出现了史称"贞观之治"的盛世景象，中原王朝的实力增强，与突厥汗国的力量对比，开始出现了有利于中原王朝的逆转。

627 年，东突厥属部回鹘、拔也古、薛延陀等部起兵反叛，颉利可汗遣突利可汗前往平叛。突利可汗却为薛延陀击败，遭到了颉利可汗的拘禁，这使得这两叔侄之间出现矛盾。突利可汗暗中和唐朝联络，表示愿意归附。

629 年，突利和阴耐特勤、郁射设等突厥首领投降唐朝。颉利可汗已经处于众叛亲离的地步，唐太宗抓住这一时机，诏命兵部尚书李靖为定襄道行军总管，并州都督李绩为通汉道行军总管，任城王李道宗为大同道行军总管，华州刺史柴绍为金河道行军总管，检校幽州都督卫孝杰为恒安道行军总管，灵州大都督薛万彻为畅武道行军总管，共六路将领，领兵 10 万，于 630 年灭亡东突厥。

东突厥的灭亡，使得唐朝打通了前往西域的门户。但是，在河西走廊以南的吐谷浑政权还时常入侵河西地区，对丝绸之路造成严重的威胁。唐太宗在灭亡东突厥近五年后，派李靖和侯君集率兵发动了对吐谷浑的战争。吐谷浑大败，可汗伏允自缢而亡，伏允之子归降了唐朝，被唐太宗册封为西平郡王。

随着东突厥和吐谷浑这横亘在唐和西域之间的两大势力的最终消亡，唐朝顺利开通了一条稳定而又安全的通往西域的交通要道，接下来就是对西域诸势力的整合了。

一般认为，唐朝对西域地区的经营是从对高昌用兵开始的。

本来高昌是和唐朝联系最为密切的西域政权，多次遣使来唐朝贡。甚至在 630 年，高昌王麴(qū)文泰亲自来到唐朝都城长安朝贡，唐太宗封高昌王的妻子宇文氏为安乐公主，并赐姓李。但是，也是在 630 年，焉耆请求唐太宗重新开辟大碛路，以方便西域诸国和中原的商旅及使臣的往来，这严重损害了高昌的经济利益，西突厥乘机和高昌联合，攻占了焉耆五座城池。西突厥还征服了高昌、处月、处密部等地，大肆劫掠商队，对唐朝的西部边疆构成了极大的威胁。

在此情况下，唐太宗于 640 年下诏征讨高昌。虽然西突厥乙毗咄陆可汗驻军于可汗浮图城，和高昌军队共同抵御唐朝军队，但当唐军抵达高昌时，乙毗咄陆却因害怕而西奔千里，西突厥和高昌的联合因此瓦解，高昌兵败如山倒，投降唐朝。至该年的 9 月，唐朝完全控制了高昌各地，在高昌设置西州，在可汗浮图城设置庭州，再加上此前在伊吾设置的伊州，唐朝以此三州为依托，牢牢控制着西域东部地区。唐朝在西州设置了著名的安西都护府，管理西域事务，这是唐朝在碛西地区设立的第一个高级军政管理机构。

在灭亡高昌之后，唐军又陆续征服了西突厥支持下的焉耆、龟兹，设置了龟兹、碎叶、于阗、疏勒四个军镇，史称安西四镇。此时，西域的大小势力基本上已经被唐朝所控制，剩下的只有位于西州以西的西突厥势力了。

646 年，西突厥乙毗射匮可汗曾经遣使唐朝，请求与唐朝联姻。唐太宗要其将龟兹等五城作为聘礼，乙毗射匮可汗拒绝了唐的这一要求。双方关系彻底决裂。唐太宗于 647 年决定出兵龟兹。龟兹一役不仅平定了龟兹，还将原先乙毗射匮可汗控制的西突厥处月、处密两部攻克。

在此后的 10 年里，虽然西突厥的部队也曾一度组织起反攻，但总体看来，唐军在西域对西突厥步步紧逼，双方战争不断，而唐军取得了一系列的胜利。

657 年，唐高宗再次出兵征讨西突厥。高宗以苏定方为伊丽道行军大总管，采用招抚、武力并举的手段，利用已投降唐朝的阿史那弥射、步真来招降西突厥属部。这一方法取得了极大的成效。阿史那贺鲁见败势已露，慌忙出逃，在石国境内为唐军捕获，至此，西突厥灭亡。

在征服西突厥后，唐朝在西域设置了大量的羁縻府州进行管理。这些府州的官员大多由该地区民族部落的上层人物担任。

唐朝设立的羁縻府州可以分为两类：在西突厥本土以及吐鲁番地区，唐朝设置了 30 余个都督府州；在葱岭以西至波斯边境，原为西突厥控制的地区，设置了 16 个府、88 个州，皆受安西都护府统辖。利用这一系列羁縻府州，唐朝在中亚地区建立起一道广阔的防御体系，一直到唐玄宗时期，这道防御体系被不断完善和加固。

唐灭西突厥以后，其疆域已经达到伊朗高原的东部边缘，但是，唐王朝并没有能够乘胜西进，进一步开疆拓土，因为此时西亚的政治局势出现了非常大的变化，阿拉伯民族开始走上西亚的历史舞台。

阿拉伯帝国兴起与怛罗斯之战

阿拉伯人原本是生活在阿拉伯半岛内陆的游牧民族，其经济文化都处于比较落后的状态。散居于阿拉伯半岛边缘地区的阿拉伯人，经济文化相对比较发达，也曾建立过分别附属于拜占庭帝国或波斯帝国的小政权，但处于半岛内陆的阿拉伯人，却一直处于无政府状态。

在中国史书中，阿拉伯人以及其所建立的帝国被称为"大食"，一般认为，这最初是波斯人对某个阿拉伯部落的称谓。在西方史籍中，阿拉伯人以及信仰伊斯兰教的民族常被通称为萨拉森人。

公元610年，伊斯兰教的先知穆罕默德开始在麦加传教。622年，穆罕默德迁徙到麦地那，并建立了政教合一的麦地那政权，组建军队，开始进行阿拉伯半岛的统一战争。在632年穆罕默德去世以前，半岛内的阿拉伯各游牧部落基本都已改信了伊斯兰教，并在伊斯兰教的旗帜下统一起来。

穆罕默德去世后，开始了四大哈里发执政时期。第一任哈里发艾布·伯克尔在位期间，阿拉伯人巩固了半岛内部的统一，并开始走出阿拉伯半岛。在633年，阿拉伯将领哈立德击败了萨珊波斯的属国希拉王国。

第二任哈里发欧麦尔在位期间，发动了与萨珊波斯的全面战争。至635年，阿拉伯人已经占领了幼发拉底河西岸的大部分地区。并在637年的卡迪西亚战役中，大败波斯军，波斯主帅鲁斯塔姆战死，象征着萨珊波斯的光辉和荣耀的卡维战旗也被阿拉伯人夺取。卡迪西亚一役，使得波斯遭受了巨大的打击，也给波斯人的心灵蒙上了一层挥之不去的阴影。

波斯皇帝伊嗣侯放弃了对首都泰西封的守卫，转而逃向距泰西封160公里的东部山区。阿拉伯人乘胜占领了已是空城的泰西封，并在该年底，在哲路拉将伊嗣侯组织起来的10万大军打得落花流水。

至此，阿拉伯人和波斯人以扎格罗斯山为界对峙。伊嗣侯则在伊朗高原不断动员、组织起军队和阿拉伯人对抗。642年，波斯人终于组织起比较像样的军队，共15万，由菲路赞指挥，在尼哈温德与阿拉伯军队展开了激烈的战斗。实力的悬殊以及阿拉伯军主帅的阵亡也没有为波斯军队获得胜利，最终菲路赞在逃亡过程中被杀，波斯军死伤过半。波斯再也无法组织起对阿拉伯人的有效抵抗了，波斯王伊嗣侯在尼哈温德战役后开始了他的逃亡旅程。

欧麦尔遇刺后，奥斯曼于644年当选为第三任哈里发，开始对波斯的剩余地区发动进攻，相继攻克伊朗高原东部的克尔曼和呼罗珊地区。伊嗣侯不得不从克尔曼逃到呼罗珊，然后又前往木鹿。

在其逃亡过程中，伊嗣侯并没有放弃寻求援军，目标是东方的唐王朝。647年，伊嗣侯遣使来唐朝贡，请求唐太宗发兵援助。但是唐太宗以路途遥远为由，并没有出兵帮助伊嗣侯。

651年，伊嗣侯在木鹿的一个磨坊中，被他的下属勾结西突厥人杀害，萨珊波斯至此宣告灭亡。

就在灭亡萨珊波斯的同一年，阿拉伯帝国遣使唐朝，这显然是为了告知唐朝，阿拉伯人已经征服了波斯帝国，从此唐朝在中亚地区迎来了一个新的邻居。阿拉伯人从阿拉伯半岛的沙漠中走出后，仅仅用了十几年的时间，就灭亡了不可一世的波斯帝国，这是拜占庭帝国梦想多年却无法实现的事

阿拉伯骑兵

情。唐王朝也因此难以对阿拉伯人的军事实力作出比较准确的估计，因此才慎重地停下了西进的步伐。

在唐高宗时代，伊嗣侯之子卑路斯逃亡到吐火罗地区，遣使向唐高宗求救。像唐太宗一样，唐高宗也采取了比较审慎的态度，以路途遥远为理由拒绝救助。在661年，唐高宗曾任命卑路斯为都督，统辖锡斯坦地区（今阿富汗南部）。次年，卑路斯又被立为波斯王。但是因为阿拉伯人的打击，卑路斯已经无法继续在中亚地区立足，最终在674年到唐朝的首都长安居住，被封为右威武将军。678年，卑路斯之子泥涅师被立为波斯王，并由唐朝官员护送返回伊朗建立政权，但也只是苟延残喘了20余年。

656年，阿里继奥斯曼之后成为第四任哈里发，阿拉伯人内部爆发了穆阿维叶和阿里争夺哈里发的战争。在阿里遇刺后，穆阿维叶成为哈里发，以大马士革为首都，建立了伍麦叶王朝（661—750年），从此，哈里发改为世袭。

艾布·阿拔斯利用在呼罗珊地区有很大影响力的释奴艾布·穆斯林，联合什叶派，推翻了伍麦叶王朝的统治，于750年建立了阿拔斯王朝（750—1258年）。伍麦叶王朝和阿拔斯王朝的统治者都是阿拉伯人，因此被历史学家称为阿拉伯帝国。

四大哈里发时代、伍麦叶王朝的早期、阿拔斯王朝的早期，阿拉伯人进行了三次大规模对外扩张，使阿拉伯帝国的疆域西起大西洋沿岸的安达卢西亚，包括北非、西亚，向东达到中亚和印度次大陆的西北部。

在穆阿维叶执政以后，不仅断绝了和唐朝的遣使，而且制定了向外扩张政策，开始以乌浒水为基地，进犯唐朝在乌浒水对面的羁縻府州。也是在此时期，吐蕃势力开始介入本来就纷繁复杂的中亚地区。661年，吐蕃攻占了唐朝的乌飞州都督府，这是安西四镇和吐火罗通道的扼要之地，这使得唐朝无法派兵去葱岭以西，支援受阿拉伯帝国进犯的诸国。

在伍麦叶王朝的打击下，中亚诸国不断失陷。先是被唐高宗封为波斯王的卑路斯，在阿拉伯人的打击下无以立足，逃往吐火罗。而在667年，伍麦叶王朝将领齐雅德北伐，大破吐火罗，卑路斯逃往中国。

674 年，阿拉伯帝国呼罗珊总督乌拜都拉进犯安国，兵至安国都城捕喝城下，强迫安国签订了城下之盟。此后，阿拉伯帝国的势力开始进入河中地区，并屡次进犯。唐在中亚的势力在逐渐萎缩，在灭亡西突厥之后刚刚建立起来的一批羁縻府州名存实亡了。

705 年，伍麦叶王朝第六任哈里发韦立德统治时期，任命屈底波为呼罗珊总督，阿拉伯人开始对中亚地区的新征服。

屈底波全名屈底波·并·波悉林，他一上台就施展出他的铁腕和血腥手段，全面占领了乌浒水流域。随后，于 706 年率军渡乌浒水北伐石汗那，将之降服之后，转而进攻吐火罗，占领吐火罗首都巴里黑，叶护阿史那都泥利降于屈底波。紧接着，屈底波率军进攻河中地区，在密水大破昭武九姓的联兵，围攻沛肯城，通过挖通隧道，将沛肯城攻占下来。

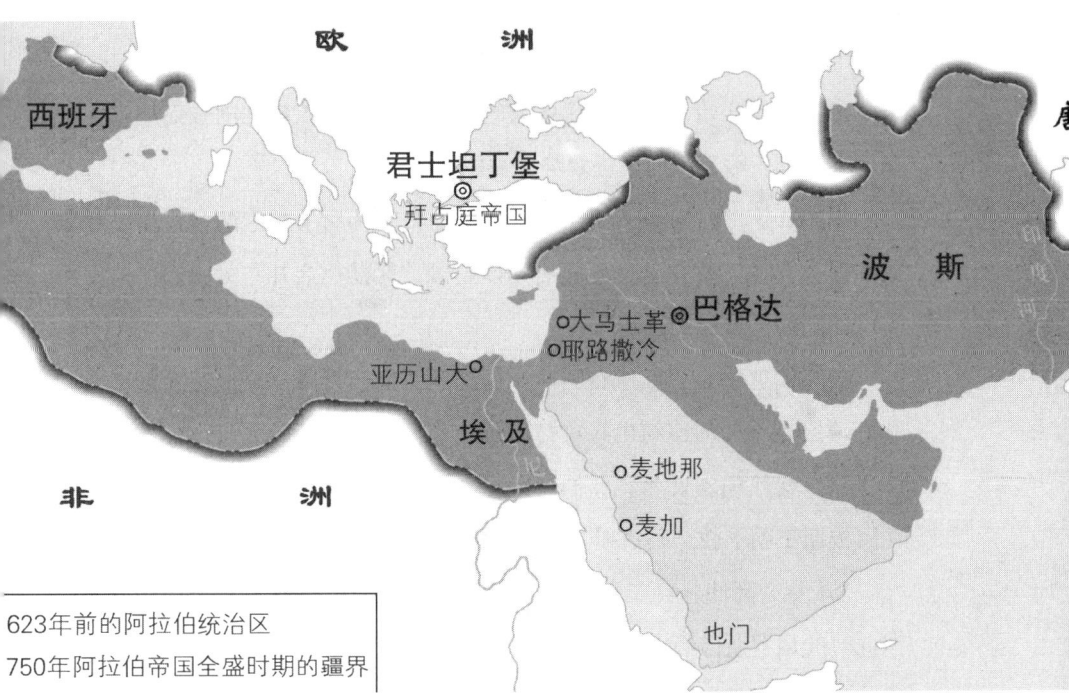

623年前的阿拉伯统治区
750年阿拉伯帝国全盛时期的疆界

公元 8 世纪的阿拉伯帝国

707 年，屈底波再次率兵进犯河中地区，这一次屈底波并没有取得较好的战绩，而是被昭武九姓以及拔汗那的联兵所阻止，屈底波不得不退兵。但是，就在昭武九姓和拔汗那的联军返回时，屈底波又杀了个回马枪，围攻安国首都捕喝城。安国国王瓦尔丹拼死守卫，康国国王突昏出兵援助，屈底波未能攻克捕喝城，因此转而进入康国，围攻飒秣犍城，使康国投降了阿拉伯帝国。715 年，屈底波和吐蕃军队一起击败了拔汗那，并立阿了达为王。

对于阿拉伯人的步步紧逼，唐朝方面终于作出了反应。监察御史张孝嵩认为，如果再不救援中亚各盟国的话，唐朝在西域的威信就会大大下降。唐朝于是发兵 1 万，击败阿了达。不过，此次唐朝出兵中亚，并未和阿拉伯军队进行正面交锋。因为就在唐朝出兵时，伍麦叶王朝哈里发韦立德一世去世，继任的哈里发苏莱曼是屈底波的对头，屈底波试图拥兵自立，却为手下人所杀，这一系列变故导致阿拉伯帝国在中亚的军事行动的停止。

自 740 年开始，呼罗珊地区兴起了反对伍麦叶王朝的阿拔斯运动。阿拉伯人自顾不暇，因此东进之势也被搁置。

至 750 年，阿拔斯王朝建立，阿拉伯帝国和唐王朝这两大帝国已经以锡尔河为界了。就在这一年，唐朝以石国"无藩臣之礼"为由，派遣安西节度使高仙芝领兵征讨石国。

当高仙芝率大军抵达石国时，石国国王向唐投降，高仙芝允诺与石国和好，但是不久却违约出兵攻打石国，血洗城池，掳掠人口，并将石国国王俘获，交给朝廷处死。高仙芝因军功被授予右羽林大将军。石国王子逃往阿拔斯王朝求救，阿拔斯王朝决定乘机进军中亚。

751 年，高仙芝自安西出发，渡葱岭，越沙漠，三个月后抵达怛罗斯。但此时的怛罗斯已经由阿拉伯军队守卫，于是，高仙芝令唐军围攻怛罗斯。

阿拉伯方面在接到唐军围攻的消息后，东方总督艾布·穆斯林遣部将塞义德·本·侯梅德率领千人左右前往救援，自己亲率1万人前往，准备大战。此外河中地区的1万驻军在齐雅德的带领下也奔赴怛罗斯。高仙芝攻城五日未果，阿拉伯的援军抵达，从背后突袭了唐军，唐军中的葛逻禄部雇佣兵见局势不妙，发生了叛变，致使唐军阵脚大乱。在阿拉伯骑兵的冲击下，唐军溃败。高仙芝不得不率领残兵逃往安西。

两大帝国的交锋以唐朝方面的大败落下了帷幕，这表明，两大帝国在争夺中亚领导权的斗争中，唐朝失去了对中亚的领导权。而后不久唐朝爆发了安史之乱，为了平定内乱，西域的守军被大量调往内地，唐朝在西域的势力甚是空虚。长期与唐朝在葱岭一带进行斗争的吐蕃则趁机入侵。

安史之乱后，唐朝国力下降，边防空虚，再也无力经营西域了，唐朝的势力逐渐退出中亚。阿拉伯帝国虽然在怛罗斯战役中获胜，但阿拉伯人并不是一个人数十分庞大的民族，控制从西班牙到北非再到中亚这广阔的领土，已经达到阿拉伯人武力控制的极致了。再加上唐朝势力退出西域后，吐蕃势力趁机进入，取代了唐在西域的地位，对阿拉伯帝国的东进也形成了牵制。因此，在怛罗斯战役后，阿拉伯帝国在中亚的疆域也稳定下来。

拜占庭帝国与东方

拜占庭和萨珊波斯，因为之前罗马帝国和波斯的仇怨，而继续处于敌对状态。特别是查士丁尼一世继位为拜占庭皇帝之后，两个国家之间开始了一场旷日持久的战争，从528年一直进行到631年。在这100多年时间里，两国进行了无数次交锋，总的来说可以分为五次大的战争：

第一次拜占庭波斯战争，528—532年；

第二次拜占庭波斯战争，540—545年；

第三次拜占庭波斯战争，549—562年；

第四次拜占庭波斯战争，571—591年；

第五次拜占庭波斯战争，606—631年。

在610年，拜占庭非洲行省省长希拉克略发动政变，成为帝国的皇帝，拜占庭帝国进入了希拉克略王朝统治时期。

对于波斯的入侵，希拉克略在初期并没有组织起有效的抵抗。波斯军队相继攻占了叙利亚、安条克、大马士革和耶路撒冷。特别是在耶路撒冷，两军交战长达80余天，最终，波斯军队攻入耶路撒冷，大肆进行烧杀抢掠，9万多人无辜丧生，圣殿和庙宇被毁坏，被基督徒封为圣物的圣十字架，也被波斯军队作为战利品运到了泰西封。

到616年，波斯将领夏尔·巴尔兹甚至率军入侵埃及，并于619年征服了埃及全境。与此同时，另一路波斯大军征服了小亚细亚地区，兵锋直指博斯普鲁斯海峡，君士坦丁堡岌岌可危。

希拉克略曾向波斯请求停战，但波斯拒绝了他的请求，并将夏尔·巴尔兹从埃及调往小亚细亚地区，两路军汇合，一起围攻君士坦丁堡。但是，就在波斯军队企图强渡海峡时，被拜占庭海军中途拦截，损失惨重。库思老二世这才向希拉克略请求停战。

迫于西方阿瓦尔人的威胁，希拉克略接受了波斯人的停战请求。在休战期间，希拉克略以 20 万磅的巨额黄金为代价，和阿瓦尔人达成了协议，解决了西边的威胁，并且努力整顿军备，提升军队的战斗力，而后开始向波斯军队反攻。

622 年，希拉克略在卡帕多西亚大败波斯军队，收复小亚细亚东部地区。此后，希拉克略在小亚细亚西部地区取得了一系列丰硕的战果，先是在 623 年夺取了科尔奇斯，而后占领了亚美尼亚，并且攻入伊朗高原西北部的美地亚，占领了塔里斯城。至此，小亚细亚全部地区都为拜占庭帝国重新控制。

而波斯方面则兵分两路，一路和拜占庭在亚美尼亚地区进行争夺，以达到牵制希拉克略的目的，另一路则在夏尔·巴尔兹的领导下，与此前和拜占庭休战的阿瓦尔人联合攻取君士坦丁堡。这一次，拜占庭在两线都获得了胜利。626 年，拜占庭在君士坦丁堡和 8 万阿瓦尔人激战十余天，将之击退。而在亚美尼亚，拜占庭军队又大败波斯军队，并又一次攻进美地亚。希拉克略乘胜派兵进攻泰西封，亲率军队沿幼发拉底河南下，对波斯形成压迫。

627 年 12 月 12 日，双方在尼尼微附近展开决战，波斯军队败北，损失惨重。拜占庭军队攻入尼尼微后，将其财宝和积蓄抢掠一空，并放火焚毁了宫殿。希拉克略进一步向泰西封挺进，但是由于天气的原因，再加上夏尔·巴尔兹援军的到来，希拉克略撤回了美地亚。

波斯于628年发生了政变，库思老二世被捕，其子西罗斯继任为波斯王，即科巴德二世。科巴德二世和拜占庭签订和约，归还圣物十字架，及历次从拜占庭帝国侵占的领土，还赔偿了相当数额的军费。至此，拜占庭和波斯的百年战争宣告结束。

可是，拜占庭帝国和波斯帝国可能都没有意识到，就在他们彼此拼杀到两败俱伤，而不得不中止百年战争时，伊斯兰教已经悄然传遍了阿拉伯半岛，并将原本如同一盘散沙的阿拉伯人团结起来，即将由此爆发出惊人的力量。两大帝国的争战，使他们都无暇顾及荒凉的阿拉伯半岛，因而为伊斯兰教的兴起留下了空间。百年战争耗尽了两大帝国的国力，使他们在新兴起的阿拉伯人面前几乎完全丧失了抵抗能力，迅速被阿拉伯人打败。

波斯帝国迅速被阿拉伯人灭亡，而拜占庭帝国的形势也不容乐观。

早在穆罕默德生前，就已经动员起一定的军事力量，准备发动对拜占庭帝国的战争，穆罕默德率部队行进至塔布克，只是因为没有遇到拜占庭帝国的军队，才撤回麦地那。就在穆罕默德去世前夕，还在麦地那集结起一支部队，准备进攻拜占庭帝国，只是由于他的去世，才最终未能成行。

穆罕默德去世后，第一任哈里发艾布·伯克尔在平定了半岛内部的叛乱之后，就开始了向比较富庶的叙利亚地区的扩张。在633年，艾布·伯克尔派遣四路军队进攻拜占庭帝国统治下的叙利亚，分别进攻耶路撒冷、布拉斯、大马士革以及霍姆斯，艾布·欧拜德担任四路军队的联合指挥官。

拜占庭皇帝希拉克略立即调集大军，由西奥多拉斯为指挥官，领兵南下和阿拉伯人作战，阿拉伯军队受阻。艾布·伯克尔不得不将正在东部战场与波斯帝国作战的哈立德调往西部，增援叙利亚战场。634年3月，哈立德得到指示后，带领 8000 人穿越叙利亚大沙漠，绕过拜占庭的城堡，由南而北袭击了叙利亚的商业重镇布拉斯。随后，哈立德和西线四路军队汇合，对布拉斯发起了猛烈的攻击。拜占庭军队无法抵御阿拉伯人的进攻，不得不向北撤退。阿拉伯人夺取布拉斯，并趁势占领了戈兰地区。

阿拉伯人在叙利亚获得胜利后，艾布·伯克尔任命哈立德为在叙利亚的阿拉伯军队的全军统帅。哈立德集合大军向巴勒斯坦中部地区推进，于 634 年 7 月，在艾支那丹与希拉克略之弟西奥多拉斯激战，结果是西奥多拉斯败走，拜占庭大军向北撤退。阿拉伯人又通过一系列的战役将巴勒斯坦的大部分地区控制在手中，接下来就将目标指向了巴勒斯坦的首府大马士革。

在艾布·伯克尔死后，欧麦尔继任为第二任哈里发。在叙利亚战场上，艾布·欧拜德取代了哈立德，成为统帅。635 年 2 月开始，哈立德和阿慕尔开始围攻大马士革，两人分别进攻东西城。经过六个月的激战，东城被攻下，而西城则是在哈立德军队进入后投降。

此后，阿拉伯人趁势向北方进发，相继攻占了哈玛城和霍姆斯镇。而希拉克略则重整旗鼓，组织军队，以西奥多拉斯为帅，以期阻挡阿拉伯人的脚步，并摧毁其有生力量。但是，阿拉伯人故意撤退，以造成不敌的假象，就在拜占庭军队忙于收复失地、惩罚投敌势力时，阿拉伯军队杀了个回马枪。

两军于 636 年在雅尔穆克河口决战。虽然拜占庭军队人数是阿拉伯人的两倍，因为阿拉伯人抢先占领了有利位置，而且在战争的过程中，出现大风沙的天气，对于生活在沙漠地带的阿拉伯人而言，这种天气已经习以为常，但是拜占庭人却极不适应，最终导致了拜占庭军队的惨败。西奥多拉斯阵亡，拜占庭兵败如山倒，阿拉伯人趁机将势力推进到托鲁斯山一带。

原先围攻大马士革的阿慕尔占领了加沙一带，并开始围攻耶路撒冷。

耶路撒冷的基督教大主教要求欧麦尔亲临耶路撒冷，才和阿拉伯人进行讲和。638 年，欧麦尔出于对耶路撒冷的重视，与耶路撒冷议和，于是耶路撒冷也为阿拉伯人所控制。至此，整个叙利亚以及亚美尼亚的部分地区都被纳入了阿拉伯帝国的版图。

就在叙利亚战事趋于明朗时，阿拉伯人开始筹划开辟北非战场。

欧麦尔令阿慕尔率领 4000 人的军队进攻埃及。640 年，阿慕尔轻松攻下埃及东部的斐尔马仪城，当地土著纷纷归降阿拉伯人。随后阿慕尔继续向巴比罗尼堡进发，途中相继占领了卡瓦绥尔古城和比勒贝斯城。但是，阿慕尔围攻巴比罗尼堡，很久都未奏效，于是向欧麦尔求援。随着 1.6 万名阿拉伯士兵的到来，巴比罗尼堡被攻克。

随着巴比罗尼堡的陷落，阿拉伯军队又相继攻克尼罗河三角洲的其他城市。641 年，在围攻埃及名城亚历山大港三个月以后，阿拉伯军队从水陆两个方向进攻亚历山大，城内粮食匮乏，再加上希拉克略去世，拜占庭军队士气已失，被迫和阿拉伯人讲和。随着亚历山大的沦陷，阿拉伯人已经占领了埃及全境。随后，阿拉伯军队继续向西推进，几乎不费吹灰之力就占据了利比亚。

在伍麦叶王朝建立后，穆阿维叶对君士坦丁堡进行了两次长时期的围攻，因而严重影响了阿拉伯军队在北非的军事进展，直到 695 年才最终攻陷迦太基。

拜占庭帝国大量的领土落入阿拉伯人之手，帝国变得更加衰弱，但毕竟还是在阿拉伯人的攻势下生存下来，成为阻挡阿拉伯人进攻欧洲的桥头堡。但是，中亚、西亚、北非都成为阿拉伯帝国的辖区，伊斯兰教的势力形成对拜占庭帝国的半包围，使拜占庭帝国的对外联系变得越来越困难，其与遥远东方的中国的联系尤其如此。

但是，在中国的史籍中，我们还是可以查到拂菻前后七次遣使唐朝的记载，拂菻（fú lǐn）就是指拜占庭帝国。当时的国际局势是，由北非、东欧，经西亚、中亚直至东亚的广阔地域内，占据主导地位的只有三大帝国：中国的大唐王朝、阿拉伯帝国，以及拜占庭帝国。因此有学者猜测，拜占庭遣使唐朝，可能有联合唐朝对抗阿拉伯帝国的动机。

在此时期，唐王朝也确实积极地经营西域，但是，其目标只是打败西突厥，并占领西突厥的领地，并没有进一步西进的打算。再加上，此时期的波斯虽然未亡，但蜷缩在伊朗高原东部地区，阿拉伯人正在努力对波斯旧地进行全面接管，其势力也没有延伸到中亚地区，和唐朝也没有利益上的冲突，因此对于唐朝来说，与其得罪不必要的敌人，倒不如袖手旁观。所以，从中国史书中我们看不出，对于拜占庭帝国的遣使，唐王朝曾做过哪些积极的回应。

经过数次对君士坦丁堡的围攻之后，阿拉伯人最终认识到，他们现在还没有能力灭亡拜占庭帝国。而在怛罗斯之战以后，唐王朝与阿拉伯帝国彼此之间也处于僵持状态。当彼此都不得不承认对手的存在时，亚欧大陆三大帝国的政治格局终于稳定下来。战争的硝烟渐渐散去，丝绸之路的贸易又开始兴盛起来，东西方经济文化的交流也重新步入高潮期。

中西经济文化交流

盛唐时期是中国官方对外关系的第二次高峰期，与政治方面相比，唐朝和西方进行的经济文化交往也丝毫不逊色。自汉代开辟丝绸之路以来，因为南北朝的分裂混乱局面而导致丝路不畅。随着隋唐对西域地区的经营，特别是唐朝建立了远至波斯的一系列羁縻府州之后，丝绸之路畅通无阻，在此时期达到了鼎盛。

早在隋朝对西域地区进行经营时，裴矩在西域地区通过广泛的搜索完成的《西域图记》一书中，便详细记载着当时丝绸之路的主要干线：

（1）北道：出敦煌至哈密，经巴里坤铁勒部到西突厥汗庭，渡锡尔河至君士坦丁堡，到达地中海东岸。

（2）中道：出敦煌至吐鲁番，经焉耆、库车、喀什，渡帕米尔高原，通过费尔干那盆地，到达伊朗高原，抵达波斯湾。

（3）南道：出敦煌至若羌，经和田、叶城、塔什库尔干，渡过葱岭，经阿富汗东北部的瓦罕、阿姆河南、阿富汗东北的巴米扬、加兹尼，到达印度北部。

从裴矩的记载可以看出，北道通往拜占庭帝国、中道通往波斯、南道则是到印度。此时的中国，不仅与中亚、西亚及至印度建立起贸易联系，还与远在东欧的拜占庭帝国之间存在着贸易往来。

唐朝的统治者一直奉行"关中本位"政策，因此非常重视关乎长安安全的河西之地以及广大西域地区的开发。唐朝政府的权威在西域地区最终确立起来以后，西域胡国尽数来朝，而唐朝在西域地区设置的羁縻府州，也在一定程度上保障了来往商队的安全以及丝路的畅通。因此，丝绸之路在唐朝政府的大力支持下，进入了鼎盛的发展时期，中国也借丝绸之路和波斯、拜占庭、阿拉伯帝国等建立起相当规模的经济往来。

唐朝通过海陆两条丝绸之路和西方诸国建立起经贸关系，中国对外输出的产品主要是丝绸、瓷器、棉织品、漆器、铁器、茶叶等，丝绸和瓷器在所有商品中占据了主要部分。这种商品结构的形成和当时中国的经济发展有着直接的关系。西方国家输入中国的产品则主要以金银、珠宝、药材、香料、乐器、毛皮制品等为主。

安史之乱以后，中外贸易因为西域交通的断绝，开始转向海上。当时的中国和西亚地区有直航的能力，而且中国的造船技术在世界上处于领先地位，中国商船从东南沿海出发后，下南洋，过马六甲海峡，经由印度洋来到波斯湾和红海，甚至能够远达非洲东海岸。

据记载，中国商船进入波斯湾后，沿着幼发拉底河和底格里斯河逆流而上，沿途和波斯或阿拉伯人进行贸易。当时海上时有杀人越货的现象出现，因此，在中国的商船上往往配备着武器和火药，并雇用战士，以防止海盗的劫持。

唐朝政府对于对外贸易是持积极支持、加以保护的态度的。唐初，由于对外贸易并不是十分繁荣，并没有设置专门机构进行管理。随着对外贸易的发展，政府为了取得利益，开始在广州设置专门管理对外贸易的市舶使院，设市舶使进行管理，这样就使地方官吏盘剥外商的情况大为减少。市舶使的职责主要是管理外贸事务，登记外商来华的货物并对之征税以及收购官用物品。除广州之外，其他沿海港口虽然没有设置市舶使，但是由当地节度使履行类似的职责。

经济的交往少不了货币的流通。隋唐时期的墓葬中发现了大量的萨珊波斯银币、拜占庭金币、阿拉伯金币，这也体现了唐朝与这几个国家之间经济交往的密切。

丝绸之路的繁盛，不仅造就了东西方贸易的繁荣和发达，也促进了中西文化的交流。中国文化中出现了许多新的元素，不仅丰富了唐人的日常生活，也造就了唐朝文化的多元特质。与此同此，传入西方的中国文化，也对西方社会起到了积极的作用。

传入唐朝的西方物品，美国学者谢弗的《唐代的外来文明》一书，从来源、在唐朝的传播、应用，以及对唐朝社会的影响等方面，将外来的物品分为18类，170余种，包括家禽、野兽、毛皮和羽毛、飞禽、植物、木材、药物、食物、香料、颜料、纺织品、宝石、矿石、金属制品、世俗器物、宗教器物、书籍，等等。当然，这些物品不全是从西方国家传入中国的，但是我们有理由相信，其中大部分应当是从西方传入的。

值得一提的是，《唐语林》卷四记载：

玄宗起凉殿，拾遗陈知节上疏极谏。上令力士召对。时暑毒方甚，上在凉殿，座后水激扇车。风猎衣襟。知节至，赐坐石塌，阴雷沈吟，仰不见日，四隅积水成帘飞洒，座内寒冻。

这一段描述的是唐朝建造的拂菻自雨亭，这是一种从拜占庭帝国传入的建筑技术，可以将水引上层顶，然后沿四面屋檐流下，在夏季起到避暑的效果。

《南部新书》还记载，唐太宗时派部队攻克了高昌，由此将马乳葡萄引入中原地区种植。唐太宗在攻克高昌之后，还从那里学习到制造葡萄酒的方法，唐太宗亲自对这种葡萄酒的制造方法进行改革，经过多次试验，终于酿造出一种芳香酷烈的绿色葡萄酒。从此，葡萄酒成为唐朝首都长安极为流行的一种饮品。

其实，不仅仅是葡萄酒，唐朝人在衣、食、住、行等方面都受到了西域文化的影响。其中服饰和饮食这两方面所受的影响最为明显。

首先是服饰上。唐朝人特别崇尚突厥和东伊朗人的服饰风格。男女出行爱好穿胡服，上至达官贵人，下至黎民百姓，都是如此。唐太宗的太子李承乾就是一位效仿突厥人服饰的急先锋，他一生最大的愿望竟然是去草原上生活，作一名真正的突厥人。在唐中宗之时，贵族妇人和宫女之中特别盛行外民族的服装，中亚粟特人的男装，一种翻领对襟的袍服，被改造为唐代妇女的时髦服装。

其次是饮食。出于对突厥人饮食习惯的模仿，有些显贵的人家在帐篷前的狼头纛下，亲手将煮熟的羊肉用佩刀割成片大嚼大吃，其中典型代表也包括太子李承乾。当然这种现象并不是十分普遍，在饮食方面具有普遍性的影响是胡食的传入。在唐代，胡食的种类主要有胡饼、烧饼。胡饼即芝麻饼，中间夹有肉馅；烧饼就是油煎面饼。在唐代，卖胡饼的店铺十分普遍。流行于穆斯林国家的抓饭，在唐朝也非常盛行，这种抓饭是用稻米拌以酥油，加上肉或鱼虾、蔬果等佐料的食品。

在住的方面，出于对突厥生活习俗的崇尚，一些贵族甚至在城市里也搭起游牧民族中常见的帐篷，并在毡帐中招待客人。白居易就曾经在自己的庭院里搭了两顶帐篷，用于招待。

除风俗文化之外，唐代的艺术也深受域外文化的影响。

唐朝有著名的十部乐，分别是：燕乐、清商乐、西凉乐、天竺乐、高昌乐、龟兹乐、疏勒乐、康国乐、安国乐、高丽乐。除高丽乐、燕乐和清商乐之外，其余仅从其名字就可以看出，其来源地是西域地区。特别是康国乐和安国乐这两部乐，分别来自中亚的康国和安国。康国位于今乌兹别克斯坦境内的撒马尔罕一带，《胡旋舞》就出自康国乐，康国乐使用的乐器有长笛、正鼓、和鼓、小鼓、铜钹。安国位于今乌兹别克斯坦的布哈拉一带，北魏拓跋焘获得安国乐后，安国乐才传入中原，安国乐使用的乐器有箜篌、琵琶、五弦、笛、箫、正鼓、和鼓、铜钹等。

除此之外，舞蹈方面，非常有名的《霓裳羽衣舞》；绘画方面，画圣吴道子的绘画技法；雕塑方面，佛教石窟的造像艺术，等等，都明显受到西域文化的影响。

与外来文化在唐朝境内的传播相伴，景教、摩尼教、祆教、伊斯兰教等外来宗教也开始在中国传播。

景教，即基督教的聂斯托利派。唐太宗贞观九年（635年），叙利亚人阿罗本作为聂斯托利派的传教士来到中国，他带来了《圣经》和神像。贞观十二年（638年），唐太宗下诏准许景教在大唐传教，并修建了景教教堂——波斯寺，以供景教教徒传教、安顿。在唐的景教高僧除了阿罗本，还有伊斯和

大秦景教流行墓碑

景净。伊斯在唐安史之乱时，曾在名将郭子仪的帐下服务，为唐朝平乱立下汗马功劳。景净曾翻译景教经文 32 卷，并于公元 781 年创作了《大秦景教流行中国碑》。

在唐高宗时，阿罗本被尊为"镇国大法王"，长安、洛阳、沙州、周至、成都等大唐重要城市，几乎均有景教的教堂，景教在中国的发展已经初具规模。

公元 845 年，中国历史上发生了影响重大的"武宗灭佛"运动，景教也被殃及，寺院被毁，传教士都被驱逐回国，此后景教只在中国北方少数民族中传播。

摩尼教传入中国，确切可查的是在武则天统治时期，公元 694 年，波斯人拂多诞来到大唐，并带来了《二宗经》。公元 791 年，吐火罗国支那汗王帝赊上表请求传教。但不久，唐玄宗即禁止中国人信奉摩尼教。

摩尼教再次在唐朝传教得益于回鹘。安史之乱时期，回鹘军队帮助唐平叛，带回了睿息等四位摩尼教高僧，摩尼教开始在回鹘境内传播。而后，巴比伦摩尼教教主派第一级僧侣到回鹘传教，摩尼教最终发展为回鹘汗国的国教。

此后，摩尼教以回鹘为依托，开始在唐朝传播，代宗大历三年，准许在长安建摩尼寺。后来又于荆州、扬州、越州等地建寺。摩尼教寺院逐渐遍布大唐境内。摩尼教兴盛于西北、华北地区，在沿海地区，因与波斯有海路交往，摩尼教也有一定规模。

公元 840 年，回鹘被黠戛斯攻破，唐朝便开始改变之前的态度，没收摩尼教的财产、寺庙，烧毁其经卷书籍，杀死摩尼教僧侣。等到武宗灭佛时，摩尼教便和景教一样遭受了灭顶之灾。此后的摩尼教在民间秘密流传，逐渐与其他宗教结合，历五代两宋仍不衰。北宋的方腊起义，就曾借摩尼教来组织民众。

祆教，又称琐罗亚斯德教，其传入中国大致在 516 年至 519 年之间。唐朝在东西两京建有祆祠六座，其中东京二座，西京四座。祆教寺庙在丝绸之路沿线各州也有很多。武宗灭佛，祆教也被禁止，至大中年间才有所复苏。祆教在中原地区被禁止的时候，却在今新疆地区得到较好的发展。

安史之乱时，阿拉伯帝国曾派兵助唐平乱，唐肃宗为了表示友好，允许阿拉伯人长期在中国居住，伊斯兰教由此开始在中国境内传播。唐朝末年，黄巢起义军占领广州时，因战乱而亡的阿拉伯人数以万计，在唐代，仅广州的外国人便有 12 万之众，其中不少是阿拉伯人。

在中国受到西域文化巨大影响的同时，中国文化也悄然进入西域各国。

中国传入西方的物品主要是丝织品和瓷器，辅之以茶叶、漆器、铁器等，中国的丝织技术、脚踏纺车、印染技术等也传播到西方。受中国官服的影响，罗马的长袍逐渐消失，取而代之的是锦袍的出现。

唐代时期的文字和经书曾输入高昌，并在刑法、婚姻风俗等方面模仿唐朝，西域其他各国如疏勒、焉耆等，都曾学习中国文字、风俗和着装。中国书籍也开始大量输入西域各国。

作为中国四大发明之一的造纸术，也在此时期开始向西方传播。

751 年的怛罗斯战役，唐朝最终战败，阿拉伯人俘获了 2 万余名唐朝士兵，将他们押往撒马尔罕服劳役。这些人之中有些是专门从事造纸的工匠，于是他们在撒马尔罕建立了造纸场，进行生产，不久撒马尔罕纸便开始闻名中亚。阿拉伯人在从这些人身上学习到造纸术之后，对造纸的大部分工序进行严格保密。虽然欧洲人在 12 世纪中期以前一直在使用纸张，但却不会造纸，所需纸张皆从阿拉伯人那里购买。

丝绸之路带来的异域文化在中国的传播，曾经对造就盛唐文化作出了贡献，但在公元 9 世纪中叶以后，由于阿拉伯帝国与唐王朝一样，都陷入藩镇割据的混乱局面，以丝绸之路为代表的陆路中外联系开始走向衰落。随着天文、航海、造船等技术的发展，海上贸易在中国与西方的联系中占据着越来越重要的地位，中国与西方的联系也由此呈现出一系列新的特点。

宋元时期的东西方交流

经历了汉唐盛世的繁荣，中国与西方的交流在宋元时期达到了新的高度。最大的转变体现在交通方面，传统的陆上丝绸之路日渐衰落，海上丝绸之路的规模和影响超过陆路，占据了对外贸易的主要地位。

　　海路的通畅为对外贸易的扩大化创造了契机，也为中国经济的转型带来了机遇。中国的四大发明中火药、指南针、活字印刷术，都是在这一时期向世界各地传播，为西方冲破中世纪的黑暗带去了希望，而马可·波罗记述的那个铺满黄金的中国，更是吸引欧洲航海家们发现世界的动力。

海上丝绸之路的兴盛

9世纪中叶以后，原来掌控亚欧大陆的三个大帝国中，中国和阿拉伯帝国先后陷入了割据混战的局势之中。阿拉伯帝国阿拔斯王朝的东部地区，今伊朗高原至中亚一带，先后出现了塔希尔王朝（820—872年）、沙法尔王朝（867—908年）、沙曼王朝（874—999年）、布瓦希德王朝（945—1055年）、加色尼王朝（961—1186年）、哈拉汗王朝（992—1212年）、郭尔王朝（1150—1206年）、花剌子模王朝（995—1231年）等一系列地方割据政权，他们仅在名义上承认巴格达哈里发的领袖地位，实际上却自行其是，进行着无休止的混战与兼并。中国的唐王朝也存在类似的景象，即藩镇割据时代，然后是五代十国的混乱时期，继之而来的是北宋、辽、金、西夏、南宋等政权的对峙时代。

欧亚大陆各地区的动荡局势，使丝绸之路的安全无法保证，由于战乱，各地自然环境也受到严重破坏，传统的陆上丝绸之路逐渐不再占据主导地位，取而代之的是海上丝绸之路。到南宋以后，海上丝绸之路越加繁荣，成为中西交通的最大特色。由于陆上丝绸之路的衰落，阿拉伯、波斯和欧洲商人也更多地从海上来到了中国，广阔的海岸线成为中国面向世界的新窗口。

"安史之乱"以后，中国北方经济由于战乱的破坏，日渐萧条，而南方相对稳定，尤其是南宋时期，中国政治、经济重心从黄河流域南移到长江流域，江南地区和东南沿海成为中国经济发达的地区，具备对外贸易的实力。

宋代科技的发展，促进了造船技术和航海技术的大发展，尤其是指南针的应用，为远洋航行提供了技术保证。宋朝造船技术水平在当时可谓首屈一指。史书记载，在宋神宗元丰元年（1078 年），明州造出两艘万料（约600 吨）的巨型海船。1974 年，在福建泉州出土的一艘宋代古船，有 13 个隔水仓，即使一两个隔水仓漏水，整条船也不会沉没，这无疑为远洋航行提供了安全保障。后来经过马可·波罗的介绍，这种先进的隔水仓技术传入了欧洲，为欧洲大航海时代的到来提供了助力。

两宋时期，西夏、辽、金、蒙古先后以包围之势占据西北两个方向，这也导致宋朝只能从海路寻求突破口，与外界交往。宋朝在广州、泉州、明州、杭州、扬州等地设立市舶司，每年从进口货物中获得大量的税收。仅宋徽宗崇宁年间（1102—1106 年），市舶司收取的进出口贸易税就达到120 万缗（mín），约占全国财政收入的 1/60，可见海上贸易对宋代经济繁荣起到了重要的推动作用。

宋元时期，中国对外贸易的重大变化，除了海路地位的提高，超越传统陆上丝绸之路以外，就是中国出口商品结构的转变，由以丝绸为主转变为以瓷器为主。

中国瓷器是从陶器发展演变而成的，起源于 3000 多年前。宋代是瓷业最为繁荣的时期，当时的汝窑、官窑、哥窑、钧窑和定窑，并称为宋代五大名窑，江西景德镇被称为瓷都。由于对外贸易的发展，沿海港口附近地区出现了专门为出口烧制瓷器的瓷窑。

随着现代海上考古的发展，开始对宋元时期的沉船进行打捞，从沉船上被发现的文物中可以看出，陶瓷产品占有较高的比例，碗、盘、碟、盒、壶、盏各种器型一应俱全，可见当时海外贸易的繁荣景象。

在土耳其伊斯坦布尔的博物馆，收藏有完好的景德镇青花瓷达120余件；埃及福斯塔特遗址中出土过数百片元代中国青花瓷器；在东非沿岸的索马里、肯尼亚、坦桑尼亚等国家的沿海港口城市和岛屿都发现了中国瓷器，坦桑尼亚基尔瓦岛出土的元中期景德镇青花和釉里红瓷器特别引人注目。

埃及伊斯兰博物馆的中国瓷器

元代中国著名旅行家汪大渊的《岛夷志略》记载，中国瓷器的出口地区，不仅包括邻近中国的东北亚、东南亚各地，还包括东非、北亚、西亚、印度各地，涵盖近50个国家和地区，这一记载无疑已得到考古发现的证实。

由于瓷器易碎，经过长途陆路颠簸会非常容易损坏，因此商人会尽量选择水路运输。海运比路上运输运量大、成本低、速度快，正好适合中国丝绸和瓷器的大宗出口。这也是宋元时期海路对外贸易兴盛的重要原因。

海上丝绸之路是已知的最为古老的海上航线。早在张骞通西域以前，海上丝绸之路就已经存在。

相传，秦末赵佗在岭南自立，建南越国，为了寻找军需物资与中央对抗，开始谋求从海上与西方国家开展贸易。广州南越王墓中出土的希腊风格的银器，以及南越国宫殿遗迹的希腊式梁柱就可以证明这一点。

两汉时期，自中国广州出发，航海已经可以西抵印度、波斯，南及东南亚诸国，北达朝鲜半岛、日本诸岛。唐朝是陆上丝绸之路发展的顶峰时代，在海路方面也大有发展，不仅航线增加，可以渡南海、越印度洋、抵达波斯湾沿岸，还出现了海外移民。

到宋元时期，海上丝绸之路达到鼎盛。与元朝通商的国家和地区有200多个，几乎包括东亚、东南亚、中亚、西亚、北非和欧洲的所有国家。

海上丝绸之路是古代世界海路交通的大动脉，从中国出发的航线，主要分为东海航线和南海航线。

东海航线，从山东半岛的登州和蓬莱出海，渡过渤海、黄海；或者从楚州（今江苏淮安）出淮河口，再横渡黄海；又或从宁波渡东海，抵达朝鲜半岛或日本。由于辽金与两宋的对峙，北方基本为辽金政权占据，宋朝只能从南方出海与朝鲜和日本进行贸易，东海航线成为宋朝与日本和朝鲜交往的唯一通道。

南海航线，由广东的广州或福建的泉州和明州等沿海港口出发，渡过南海、经东南亚、越印度洋、穿阿拉伯海，最终抵达波斯湾沿岸，沟通西亚、中亚各地；或者是沿红海航行，最终可以达到今叙利亚一带，通过地中海，就与欧洲相连了。

在海上丝绸之路2000多年的历史中，中国各主要港口的地位在不同时期皆有所变迁，其中以广州、泉州和明州最为著名。这些港口城市往往富甲一方，繁荣程度在全国范围内也属凤毛麟角。

广州是海上丝绸之路千年历史中唯一长期不衰的港口。中国最早的对外贸易港口，当属两汉时期南海丝绸之路的始发地，广东的徐闻和广西的合浦。汉朝末年，广州取代徐闻、合浦，成为海上丝绸之路最大的港口。唐朝到宋初，广州一直是中国第一大港，是世界著名的东方港口。清朝闭关锁国之后，广州长时间处于"一口通商"的对外贸易垄断地位。

广州市目前保存着20多处海上丝绸之路的遗址，其中包括中国最早的清真寺怀圣寺、佛教禅宗达摩传教之地，有"西来初地"之称的华林寺，以及清真先贤古墓、莲花塔、沙面西式建筑等。

南宋末年开始，泉州的贸易规模和影响超过了广州，成为中国第一大港，并且是与埃及亚历山大港齐名的世界第一大港。

泉州位于今天中国福建省南部，东濒浩瀚的东海，北、西、南三面环山，晋江穿过泉州，注入东海。泉州在古代又名刺桐城，《马可·波罗游记》中就是以刺桐的音译来称泉州。据说这是由五代时节度使刘从效扩城，在泉州城内遍植刺桐树而得名。

作为海上丝绸之路的起点，泉州与广州、宁波、扬州、蓬莱五市现已经被纳入海上丝绸之路申遗计划。

元朝为发展海外贸易，先后在泉州、华亭（上海）、澉浦、温州、广州、杭州、庆元（中波）等七个港口设置市舶提举司，管理海外贸易。元代的海外贸易范围，在宋代基础上有了明显的发展，东线达日本、高丽，南线抵南洋诸国以及印度半岛，西线连接中亚、波斯、阿拉伯半岛，直至地中海东部以及东非海岸。元朝中期，中国商船还曾参与印度半岛南端马拉巴尔（奎隆）—红海口亚丁—东非基尔瓦（坦桑尼亚）的三角贸易。13世纪至 14 世纪，南印度和中国之间的海上交通已完全被中国帆船掌控。

宋元时期，中国通过南洋地区、印度洋直达阿拉伯地区和东非海岸的海路已完全畅通，商船往来频繁。两宋的对外年贸易量超过世界上其他国家同年的总和，中国商人几乎控制着从中国沿海到非洲东海岸、红海沿岸的主要港口。至此，海上丝绸之路进入了鼎盛时期。

中外贸易的发展

海上丝绸之路并非一站式贸易，而是由几段组成。一般情况下，中国商人运送丝绸、瓷器经马六甲、苏门答腊来到印度，采购香料、染料运回中国。印度商人再把这些丝绸、瓷器，通过红海运往埃及的开罗，或者经波斯湾进入两河流域，到安条克，再由希腊、罗马商人经地中海运往欧洲各地。

通过海上丝绸之路，中国的丝绸、瓷器、茶叶等商品被运到南亚、西亚、欧洲和非洲，印度、波斯、阿拉伯和欧洲商人也通过海上丝绸之路，将毛织品、象牙、香料等商品贩至中国。

宋代进出口商品分类表

出口类别	出口商品	进口类别	进口商品
手工制品	瓷器、陶器、丝绸、漆器等	珍宝	象牙、犀角、珊瑚、玳瑁等
金属制品	铜器、铜钱、金银、铅等	香料	沉香、乳香、龙涎香、檀香、笺香、光香、安息香、生香、麝香木等
工艺品	玩具、乐器、伞、梳、扇等	药材	鹿茸、茯苓、人参、麝香等
农副产品	茶、糖、酒、米、盐、药材等	日常用品	吉贝布、番布、绸布、松板、罗板、席、乌蛮木、折扇等

由于隋唐时期，海路运输的大宗货物主要是丝绸，因此称这条连接东西方的海道为海上丝绸之路。但是到了宋元时期，瓷器成为中国出口的主要货物，而香料是中国进口的重要货物，因此也有人把海上丝绸之路称为海上陶瓷之路或海上香料之路。

随着中西贸易商道重心由陆路转向海路，东南亚取代西域成为中国与西方接触的交通枢纽，而印度半岛、阿拉伯半岛成为海上丝绸之路的重要中转站。

南海航线的必经之路包括中南半岛、交趾、占城、真腊（今柬埔寨）、罗斛、真里富、蒲瑞、蒲甘、佛罗安、蓬丰、登流眉、单马令、凌牙斯加等国家和地区。

交趾在古代为中国领土，独立之后仍与中国关系密切，年年向宋朝进贡香料、药材、珍珠、玳瑁、犀牛、犀角、大象、象牙等物品，宋廷回赠以金银、铜器、铜钱以及丝织品等，实际上这是一种大规模官方贸易。中国商人也大批前往交趾进行贸易，据统计，当时乘船到交趾经商的中国商人以福建人居多。

位于越南中部的古国占城向宋廷遣贡使达40多次，贡品种类与交趾的相似。其中药材、香料的数量很大，每次入贡少则数千公斤，多至5万多公斤。宋朝与占城之间民间贸易的规模更大，来自中国的瓷器、漆器、草席、凉伞、绢扇、铅、锡、酒、糖等，丰富了占城的物质生活，促进了当地社会经济的发展。

真腊，物产丰饶，尤以香料著名，素有"富贵真腊"之称。经由海路，真腊向中国大量输出金颜香、苏木、沉香、暂速香、粗熟香、黄蜡、翠毛、蕃油、姜皮等特产。中国商船也频繁抵达真腊港口，运去品种繁多的中国商品，如瓷器、丝锦、凉伞、皮鼓、酒、糖等。当地人日常生活中普遍使用中国商品，盛饭用中国的瓦盘或铜盘，地上铺着明州产的草席。许多中国商人、水手，因为真腊气候宜人，且米粮易求，妇女易得，屋室易办，器用易足，买卖易为，甚至长期留居真腊，并与当地妇女通婚，成为旅居柬埔寨的早期华侨。

宋朝与南洋群岛上的三佛齐、阇婆、渤泥等国的海上贸易也相当频繁。以苏门答腊港为中心的三佛齐，在整个宋代，与中国的海上贸易始终保持兴盛的势头。北宋建立初，三佛齐就遣使朝贡，每次朝贡都运来大量的象牙、香料等贡品，与宋朝官方进行大规模的交易。1156 年，三佛齐向南宋进献的贡品中，仅乳香就有 40840 公斤、胡椒 5375 公斤、檀香 9967.5 公斤，而宋朝则按价值回赠大量金银、铜币、瓷器、丝绸等。官方贸易繁荣的背景下，三佛齐也吸引了大量中国商人前往贸易。南宋初年，泉州纲首朱纺舟往三佛齐国，往返进行贸易，几年间获利百倍。

10 世纪，爪哇岛上的东爪哇王国兴起，宋代史籍中称之为"阇婆"。阇婆不仅经常派出商船到广州、泉州等中国港口贸易，而且还积极招徕中国商人前往爪哇进行贸易，因此双方之间的海上贸易兴盛一时。

渤泥即今天的文莱，是中国海外交通的枢纽，官方和民间船队的必经之地。977 年，渤泥国王向打派出以正使施弩为首的使团，携带大量龙脑、米龙脑、苍龙脑、玳瑁、檀香、象牙等物品，由中国商人蒲芦歇带路，奉表来向宋太宗朝贡。中国与渤泥之间的民间贸易交往也非常繁荣。

宋朝建立以后，由于辽、金、西夏的阻隔，宋与印度的贸易往来以海路为主。南亚的天竺、南毗、注辇、故临、细兰等国家和地区，与中国的海上贸易十分发达。

11 世纪至 12 世纪时，南毗商业发达，成为东西方海上贸易的一个重要中心。1088 年，南毗遣使入贡宋朝。此后，双方民间贸易发展迅速。南毗商人多将本地货物运到马来半岛、三佛齐等地，与中国商人进行交换。当然，也有南毗国的商船直航到广州、泉州等港口，直接在中国贩卖土产、采购商品。

故临（Kulam）是印度马拉巴尔海岸奎隆一带的古国，为古代中国与印度洋和波斯湾沿岸海上交通必经之地。宋朝时，中国的商船欲前往大食，必须到故临换小船，才能继续航行，而大食人来中国，也必须到故临才能换大船向东继续航行。

细兰，旧称锡兰，今斯里兰卡，也是东西方海上交通的必经之地。细兰盛产猫儿眼、红玻璃、玛瑙、青红宝珠、珊瑚、白豆蔻、木兰皮、粗细香等珠宝和香料，海上丝绸之路的繁荣，将这些特产销往东西方各国。

宋元时期，大食非常重视与宋朝的贸易关系。据统计，经由海路，大食派遣使团向宋朝贡达到 30 多次，每次都携带品种繁多的"贡品"。宋朝对大食的贡物一般都按照高于其价值的标准，给予丰厚的回赐。实际上，这是一种大规模的官方贸易。与此同时，双方的民间贸易也很活跃，贸易数额往往非常可观。中国商船从广州、泉州出发，往赴大食进行贸易。大食商人也经常驾船从波斯湾的诸多港口出发，直航中国的各港口。

宋代典籍把阿拉伯帝国阿拔斯王朝称为"大食"，也把西亚、非洲信仰伊斯兰教的国家和地区统称为"大食诸国"。宋朝时，阿拔斯王朝统治下的波斯人、阿拉伯人大批移居非洲东海岸，建立商业据点，从事香料、象牙贸易。勿斯里国（今埃及）是地中海地区中国货物集散的中心。中国的丝绸、瓷器海运到勿斯里之后，除了一部分在当地销售，以满足勿斯里人的需要之外，大部分通过憩野（开罗）亚历山大港转运到地中海沿岸各国。默伽猎国（今摩洛哥）商业很发达，盛产珊瑚树。珊瑚是默伽猎运销宋朝的重要商品。弼琶哆国（东非索马里一带）是香料、象牙的重要产地，素有"香料之角"的称号。阿拉伯商人、波斯商人将该地出产的香料、象牙、犀角等先运到阿拉伯半岛的港口，再渡印度洋运至三佛齐，最后运抵中国。中国的丝绸、瓷器、铜钱等也由波斯、阿拉伯商人大量运销东非各地。

由于宋朝与阿拉伯国家海上贸易的繁盛，阿拉伯商人留居中国港口者日渐增多，逐渐形成了阿拉伯人的聚居区。广州的"蕃坊"就以阿拉伯人居多，泉州的外国人聚居区"蕃人巷"，其中的居民也以阿拉伯商人为主。在留居中国的阿拉伯商人中，最著名的当属宋元之际的蒲寿庚。

蒲寿庚（1205—1290 年），号海云，阿拉伯商人的后裔，是宋元时期著名穆斯林海商、政治家、军事家。作为宋元时期"蕃客回回"的代表人物，蒲寿庚任职泉州市舶司 30 年，宋末元初之际，毅然降元，深受元朝统治者重用，终生地位显赫。

蒲寿庚的先辈大约在 10 世纪定居占城（越南），11 世纪时移居广州。至其父蒲开宗时，又从广州迁至泉州。蒲开宗的长子蒲寿宬、次子蒲寿庚，从小就随父亲航行列国,周游通商,后因平定海寇,保卫泉州港,而踏入仕途。

蒲开宗去世后，蒲氏家族曾一度中落，蒲寿庚继承父业，从事以运贩大宗香料为主的海外贸易。经过蒲寿庚的苦心经营，蒲家迅速振兴，并走向鼎盛。蒲寿庚善于经营，垄断泉州香料贸易近 30 年，家财万贯，家童数千。

1973 年，在后渚港发掘出一艘南宋远洋货船，载重量 200 多吨。船上香料遗存丰富，有降真香、檀香、沉香、乳香、龙涎香、胡椒等。一些学者认为，这艘海船可能是蒲氏家族的香料船，至少与蒲家有密切的联系。

以雄厚的财力为基础，蒲氏家族还拥有自己的武装力量，这最初可能是出于保护海上贸易的目的，但至南宋末年，已经发展成为地方上一支举足轻重的力量了。1274 年，有海盗袭击泉州，官兵无力抵御，最后竟然是蒲寿庚与其兄蒲寿宬率领蒲氏的武装，配合官兵将海盗击退，保全了泉州，蒲寿庚也因而被南宋授予福建安抚使兼沿海都置制使的职务。

蒲寿庚到底拥有多少海船，可能已无法统计。但是仅1276年，蒲家被南宋张世杰部抢走的海船就有2000艘，其实力由此可窥一斑。

1276年，元军南下，攻陷临安，南宋恭帝降元。元军善于陆战而短于海战，听闻泉州蒲寿庚擅长海事，拥有海船众多，元朝的统治者希望可以招降蒲寿庚，借蒲氏之力彻底消灭南宋残余势力。与此同时，南宋遗臣奉恭帝之兄为端宗，也希望得到蒲寿庚的支持，继续在福建、广东沿海地区坚持抗元，因此，任命蒲寿庚为闽广招抚使兼主市舶。

但是，就在这一年的年底，元兵由浙江入福建，张世杰率舟师保卫着宋端宗，由福州航海至泉州城南郊，由于船舶军资不足，掠夺了蒲氏海船2000艘，并霸占其货物，因而导致蒲寿庚一怒之下投降了元朝。

蒲寿庚蜡像

蒲寿庚降元后，将所拥有的海船全部交给元军，用于进攻残余的宋师，得到元世祖的嘉许。元朝授蒲寿庚为昭勇大将军、闽广都督兵马招讨使兼提举福建广东市舶。显赫的权力与雄厚的海上实力相结合，使蒲氏成为宋元鼎革之际一位举足轻重的人物。

鉴于蒲寿庚的功绩，和他丰富的经营管理经验，及其在海外诸国的威望，在泉州市舶司恢复以后，1278 年 8 月，元世祖通过蒲寿庚向海外各国宣布了元朝欢迎并保护通商贸易的政策。1279 年，占城（越南）、马八儿（印度半岛东部之伊斯兰教国家）等国的使臣和舶商就来到了泉州。

蒲寿庚提倡与海外各国友好往来，和平经商，曾对元初黩武海外的政策进行劝阻。蒲寿庚弃宋降元，使泉州港免遭战火，使中国的海外贸易得以继续发展，为泉州港在元代成为世界最大的港口之一奠定了基础。

后来，由于蒲家势力过大，朝廷开始慢慢地削弱其实力。蒲寿庚的女婿佛莲死后，元廷以其无裔为由，没收其财产，引起了蒲氏的强烈不满，蒲家与朝廷的关系越来越紧张。在元末，蒲氏遭到元廷的镇压，家族子弟四散，辉煌不再。

但是，在整个泉州都留下了蒲家的辉煌历史。据说棋盘营就是当年蒲寿庚下象棋的地方，每个棋子都是一个美女；三十二间巷，相传是他为自己下棋时的三十二个美女棋子所设；讲武巷是蒲寿庚训练家兵之地；香佛寺是蒲寿庚为他的女婿佛莲所建的印度教寺庙；灶仔巷，相传为蒲家厨房所在；东鲁巷是蒲氏子弟私塾；花园头即为蒲家花园。

宋元时代，海上丝绸之路达到了鼎盛时期，但陆路丝绸之路也仍旧在发挥着作用。只是和以前相比，规模有所缩小，路线有所改变而已。

起初，宋朝主要通过河西地区联系西域、天竺、大食、拂菻等地，在此时期发展起来通西域的路线主要有所谓灵州（今宁夏灵武）道和居延道。去灵州的道路需要经过宁夏的固原地区，从固原顺清水河而下，可向北直至黄河岸边的中宁。从中宁北渡黄河，沿腾格里沙漠南缘、乌鞘岭北麓西去，便可安稳抵达武威，从而进入河西走廊。从中宁傍黄河向东北，经灵武渡黄河北至银川。从银川往西北，穿越腾格里沙漠、乌兰布和沙漠及巴丹吉林沙漠的毗连部分，至弱水下游居延海，再向西穿越黑戈壁去敦煌甚至哈密、吐鲁番的道路，即所谓的居延道。

到西夏兴起后，北宋与西夏的对峙导致这条路线不再畅通。北宋只得改变通西域的路线，改经青海。这条路线是沿渭河西行，经秦州（今甘肃天水）至熙州（今甘肃临洮）、河州（今甘肃临夏）、湟州（今青海乐都）、青唐（今青海西宁）等地，然后穿越柴达木盆地北缘，往西则由若羌抵达于阗，往北则与西州回鹘相交。不久，这条路线也由于西夏夺取兰州、兵临熙州而被迫中断。

宋朝与中亚的联系相对比较艰难，但占据河西走廊的西夏政权，与中亚各地的联系却比较密切，同大食、西州（高昌）、西辽保持着密切的经济往来。在元昊统治时期，西夏曾向宋朝进贡大食出产的镀金银花马鞍、镀金银花香炉。前往宋朝的西夏使臣，还经常携带波斯出产的安息香、阿富汗出产的青金石等中亚地区的商品，与宋朝贸易，发挥着宋朝与中亚贸易中介的作用。

与宋朝对峙的辽王朝发源于欧亚大陆东端，今天中国的东北地区，随着契丹人的兴起，其领地向西发展到阿尔泰山，经由陆路，与中亚、西亚贸易往来频繁，关系密切，西方各国的使者、商旅不断来到大辽。

辽与西方伊斯兰世界的交通路线主要有三条：一是从辽上京临潢府（今内蒙古巴林左旗林东镇南郊）出发，经镇州（今蒙古国布尔干省达欣其楞县以东的青托罗盖古城），至高昌；二即所谓的居延道，从辽上京临潢府或中京大定府（今内蒙古宁城）出发，沿黄河以北、阴山以南西行，过河套地区，经狼山、鸡鹿塞，到达居延海地区，再经居延至高昌；三是从黑汗王朝的喀什噶尔（今新疆喀什）至辽上京的路线。

在辽墓、辽塔中发现了五批伊斯兰玻璃器，玻璃器是伊斯兰世界输入辽朝的重要物品。在伊斯兰玻璃输入辽朝的同时，辽瓷也输出到广大的伊斯兰世界。埃及的福斯塔特曾出土数片辽白瓷和一件较完整的辽代白瓷盘口瓶；伊朗著名的波斯湾港口西拉夫出土过完整的辽白瓷碗；伊拉克萨马拉遗址、地中海东岸及伊朗的内沙布尔，都曾出土过辽三彩。

特别要提到的是，西瓜在辽代传入中国。最早栽培西瓜的是古代埃及，距今 3000 年前传入中亚锡尔河、阿姆河流域，成为当地人的主要水果。唐代初期，西瓜被引种到我国新疆地区。契丹兴起以后，向西域进军，新疆、河西走廊的回鹘人俯首称臣，由此西瓜的种籽和栽培技术被带回草原，开始在辽上京地区进行试种。元朝初年，大批西域人和契丹人迁到中原，西瓜的种植技术才广泛的传入内地。

辽也曾把通过岁币及边贸方式获得的宋朝丝绸销往西方。黑汗王朝著名诗人、学者和思想家玉素甫·哈斯·哈吉甫（1019—1180 年）写成的长诗《福乐智慧》里面写道："褐色大地披上了绿色丝绸，契丹商队又将桃花石（指中国）锦缎铺陈"，反映出辽销往西域的丝绸很多。

辽朝与中亚、西亚各地往来密切，中国史书还记载着，大食国曾经遣使辽朝，为王子册割求婚。对于这段记载学界的认识分歧很大，有学者认为，这里所说的大食，指阿拉伯帝国的阿拔斯王朝，此时控制阿拔斯王朝实际权力的是突厥人建立的塞尔柱政权，册割应是塞尔柱人的王子。也有学者认为，这里所说的大食，指立国于中亚的喀喇汗王朝，王子册割指卡迪尔汗之子察格里特勤。可以肯定的是，辽朝后来封胡思里之女可老为公主，嫁给王子册割，这个可老公主肯定是嫁到了中亚或西亚地区了。

辽被金灭亡后，辽宗室耶律大石迁到中亚建立西辽，也把中国传统的行政制度带到了中亚，征收户税，甚至以汉语为商业往来中的官方语言。契丹一名传到西方，产生了俄文中的 Китай 和欧洲人很熟悉的名称 Cathay，皆代指中国。金代，中国曾通过回鹘商人与西域保持联系。

　　通过海、陆丝绸之路，中国与世界进行了更加充分的接触。欧洲商人、传教士已经开始辗转来到中国，中西开始了直接接触的新时代。中国历史上的重要发明，如火药、指南针、印刷术、纸币、纺织技术、制瓷工艺等，也开始逐渐向外传播，开始改变世界。继佛教、伊斯兰教先后传入中国，基督教廷也开始与中国接触。元代是一个开放的时代，无论是对外贸易、科技文化交流，还是在宗教问题上，蒙古人一直保持着积极的态度，又不干涉其自由发展，为中国与西方的接触提供了自由的平台。

穿越欧亚大陆的蒙古人

自 13 世纪起，蒙古人登上历史的舞台，经过成吉思汗、窝阔台、贵由和蒙哥四位蒙古大汗的东征西讨，一个跨越欧亚大陆的蒙古帝国出现了，沉寂了近四个世纪的欧亚大陆通道再度开启。伴随着蒙古铁骑的西征、大规模的移民以及驿站制度的完善，东西方的交流更加密切。

蒙古人最早的向西迁徙是走出欧亚大陆东部的大兴安岭地区，来到蒙古草原边缘的鄂嫩河、克鲁伦河、土拉河交汇的地区。11 世纪的蒙古部落还是分散而弱小的，并不是草原上最有影响力的部落。在他们周围，分布着一些力量比蒙古人还要强大的部落，东边有游牧在呼伦、贝尔两湖周围的塔塔儿部，西边是占据回鹘汗庭故地的克烈部，更西边的是信奉景教、说突厥语的乃蛮部，还有靠近阴山的汪古部，北边贝加尔湖东岸色楞格河流域的蔑儿乞部，以及贝加尔湖以西、叶尼塞河上源的斡亦剌部。到了 12 世纪，蒙古部落的势力有了一定的发展，逐渐分化成不同的部落集团，其中比较著名的是乞颜、札答兰、泰赤乌、弘吉剌、兀良合等部。

辽金时期，这些草原民族都是隶属于辽金的，蒙古各部也不例外，但这时的草原并不和平。为了争夺草场、牲畜、奴隶，各部之间互相厮杀，部落分分合合，牧民们灾难深重。结束部落混战、统一草原成为历史发展的客观要求，而完成这一使命的就是蒙古乞颜部的铁木真，也就是后来被称为一代天骄的成吉思汗。经过一系列艰苦战斗，至 1206 年前后，铁木真最终统一了蒙古草原，蒙古各部首领尊称他为成吉思汗。

在统一蒙古草原之后，成吉思汗马上开始了其对外征服活动，一开始就将其外拓的矛头指向了西方，第一个目标就是西辽。

成吉思汗打败乃蛮部之后，乃蛮太阳汗重伤而死，他的儿子屈出律逃到太阳汗的兄长不欲鲁汗那里。因此，蒙古大军又向不欲鲁汗驻地追击，不欲鲁汗战败后，屈出律再次出逃。这一次，他逃往了契丹人建立的西辽。获得西辽君主直鲁古信任的屈出律，还娶了直鲁古的女儿，但是他却召集逃至西辽的乃蛮以及其他草原部落的残部，篡夺了西辽的政权。

西辽的统治民族契丹人一直信奉佛教，但并不干涉当地的各族信仰伊斯兰教。屈出律娶契丹公主后，信仰由景教改为佛教，他一改契丹人不干涉的做法，开始打压、迫害境内的伊斯兰教信徒。因此，1217 年，成吉思汗派出追击屈出律的哲别，采取了政治瓦解与军事打击相结合的方略，向西辽各族宣传蒙古尊重信仰自由的政策，开放被封清真寺，宣布不抢、不烧、不杀三不政策，军纪严明，于是，穆斯林纷纷起义迎接蒙古大军，都城八剌沙衮及岭北诸城均不战而下。出逃的屈出律被一位猎人捕获，由哲别处斩，西辽灭亡。

灭亡西辽之后，蒙古人开始与中亚的强国花剌子模相邻。不久，蒙古和花剌子模就产生了矛盾，虽然矛盾起源于贸易，但解决的方式却并不利于贸易的发展。

1215 年前后，有三个花剌子模国的商人，带着锦缎、素白棉布和彩色印花棉布等蒙古族缺少的商品，来见成吉思汗。成吉思汗用高价买下了他们的货物，然后派出了由 450 位穆斯林商人组成的商队，用 500 峰骆驼驮载着金、银、丝绸和皮毛等物，前往花剌子模进行贸易。1218 年，成吉思汗派出的商队走到花剌子模边地重镇讹答剌，该城的长官海儿汗诬陷他们是间谍，没收了他们的全部财物，并将这些商人全部处死。成吉思汗遣使花剌子模，要求交出凶手。但是，海儿汗是花剌子模君主摩诃末母亲的侄儿，摩诃末不仅不肯交出凶手，反而杀了成吉思汗派出的使者，并将其两个随从拔光胡须遣送回去。这成为成吉思汗大举西征的导火索。

花剌子模本是一个占据今伊拉克和呼罗珊部分地区的小国，长期臣属于西辽。公元 1200 年摩诃末即位后，花剌子模开始兴盛。摩诃末先与西辽的河中城撒马尔干（Samarkand）的奥斯曼相联合，共同夹击西辽，从河中地区赶走了西辽势力，又击败奥斯曼，占领了河中地区，经过多年的征战，摩诃末征服了伊斯兰世界的不少国家。

碑面译文为："这是异乡殉教者穆罕默德·沙赫·本·沙赫·花剌子模。感赞真主，愿主怜悯他和男女信徒们。他死于(伊斯兰历)670年斋月星期四 (1272 年 4 月 7 日)。"

1219年，成吉思汗亲自率部队西征花剌子模，这是蒙古人的第一次西征。

同年 9 月，蒙古大军进入花剌子模，半年间攻克布花剌等八个城池。1220 年 3 月，成吉思汗分兵三路，三天攻下驻有 11 万重兵的花剌子模国都撒马尔干。那个曾在中亚建立起庞大的帝国、狂妄嚣张的世界征服者摩诃末仓皇西逃，成吉思汗令速不台、哲别等一路追击。同时，成吉思汗又挥军追击摩诃末之子札兰丁。作为花剌子模的末代君主，札兰丁虽然英勇善战，但最终也无力挽回败局，不得不逃亡到印度。

正是在这次西征中，蒙古人的残忍给伊斯兰世界留下了深刻的印象。几乎在所有遇到抵抗的地方，蒙古人都采取了屠城的政策。除了工匠被俘掠送回蒙古之外，被俘的或投降的青壮年要么被杀，要么被组织成攻城的

泉州艾苏哈卜清真寺之花剌子模王裔墓碑

敢死队，死于新的战场。有学者估计，在此次蒙古西征中，大约有多达200万人被杀，多处中亚古老的文明中心受到毁灭性破坏，许多城市从此变成了死城。这种破坏也是陆上丝绸之路彻底走向衰落的重要原因之一。

成吉思汗的这次西征，不仅征服了花剌子模，还为征服更为遥远的西方作了准备。1220年，蒙古大军攻破撒马尔干城后，摩诃末出逃，成吉思汗派哲别和速不台各率1万军队追击，并告诫他们说："你们可以在三年内结束战争，从钦察草原回到蒙古草原上来。"哲别和速不台明白成吉思汗的用意，带着蒙古大军在摩诃末后面穷追不舍，一路去了解那些蒙古人从未涉足过的地域的情况。

哲别和速不台带领这两支蒙古军从撒马尔干出发，南越天山西部支脉，进入阿姆河北部支流瓦赫什河流域，顺流而下至瓦赫什河与阿姆河汇流处，沿阿姆河南岸西行，至忒儿迷渡口以南的巴里黑。继续西行，路过扎瓦城，要求居民提供给养，遭到拒绝后便强行攻破城池，屠杀劫掠。1220年冬，他们进入阿塞拜疆境内，阿塞拜疆的国王献出金银请和，于是蒙古军退出其境内，进军里海西岸的穆甘大平原，在那里度过了一个几十年不遇的严冬。1221年初，哲别和速不台分兵一部分进入格鲁吉亚王国境内。1221年10月，蒙古军北上进入阿兰之地。

随后，哲别、速不台再次进入格鲁吉亚境内，格鲁吉亚女王从里海西岸调回3万十字军保卫国土。这支十字军是格鲁吉亚为罗马教皇准备的，此时集结在里海西岸准备前往巴勒斯坦参加欧洲十字军作战。两军在第比利斯以东与蒙古军相遇，蒙古军分为两部分，哲别率领5000骑兵设伏，速不台领兵正面迎战，然后假装败走，诱敌进入埋伏圈，哲别军乘机发起突袭，围歼了格鲁吉亚的精锐骑兵。这就是著名的格鲁吉亚之战，也称乔治亚之战。

哲别和速不台在征服格鲁吉亚之后，希望通过设里汪地区寻找一条越过高加索山脉的通道。因为要进军钦察，必须翻越高加索山脉。高加索山脉地势险峻，难以通行，达尔班山隘口是古波斯防御北方民族南侵的重要关口，亚历山大大帝时代建的达尔班城，有亚历山大大铁门之称。1222年初，哲别、速不台率蒙古军由穆甘平原进入设里汪境内，破其首都，胁迫其国王刺失德派遣10位贵族为向导，带领蒙古军取道里海西岸北上，通过天险达尔班山隘。

蒙古军进入高加索以北的帖雷克河流域后，当地的阿兰人联合钦察人、阿速人、奇尔科斯人阻击蒙古军。阿兰人英勇善战，两军胜负未分。哲别鉴于敌众我寡的形势，采取分化瓦解的策略，派使者携带礼物会见钦察部首领，缔结互不侵犯的协定。于是，钦察人弃其盟友而去，蒙古军乘机进攻，大破阿兰联军。

钦察人回到钦察草原后不久，蒙古军出其不意地发起对钦察部的攻击。1222 年冬，蒙古军在钦察草原过冬，于 1223 年继续出击钦察人。

钦察人属于突厥游牧部落的一支，其领地处于里海、北高加索、黑海以北，东邻康里部（咸海以北），北接斡罗斯（俄罗斯），西到匈牙利等国。钦察人集合了所有的军队迎敌，但其主帅临阵逃脱，使钦察军队再一次惨败，被迫逃往第聂伯河方向，并向斡罗斯的王公们求援。

11 世纪中叶，斡罗斯地区的基辅公国开始解体。到 12 世纪，出现了地方割据的局面，基辅、斯摩棱斯克、诺夫歌罗德、里亚赞等十几个公国争斗不息。当钦察人向斡罗斯的王公们求救时，他们也意识到唇亡齿寒的道理，于是组织了一支联军，与钦察人共同抗击蒙古军。但是这支联军有一个致命的弱点，就是虽然军队数量庞大，但缺乏统一的权威指挥作战，每一个大公，甚至每一个贵族都各自为战。一路追击钦察人而来的蒙古军队，很快发现了斡罗斯联军的这个致命缺陷。于是，蒙古人主动后撤诱敌。斡罗斯联军和钦察人尾随而来，双方在迦勒迦河进行了大决战，即历史上著名的迦勒迦河大战。

斡罗斯联军名义上的首领是基辅大公，但实际的组织者是诸王公中最英勇善战的加里奇大公姆斯梯斯拉夫。两人意见不一，基辅大公按兵不动，加里奇大公则率军与钦察人共同进击蒙军。在战斗中，钦察人不支后退，加里奇大公也遭惨败。

迦勒迦河之战的结果是，联军中六位大公阵亡，士卒伤亡无数，加里奇大公仅得以保命。正当基辅大公在一旁幸灾乐祸的时候，蒙古军队乘胜包围了他的军队。在被蒙古军队围攻三天三夜以后，基辅大公不得不请求投降。但蒙古军在受降后，又将投降的罗斯将士全部杀死。

迦勒迦河大战后，蒙古军长驱直入斡罗斯地区，并于 1223 年底渡过伏尔加河，经里海、咸海北部的草原地区，回到了蒙古草原。

成吉思汗的军队西征回来就踏上了亲征西夏的征程，于 1227 年 8 月 25 日，病死在甘肃省清水县境内的六盘山，他的第三个儿子窝阔台继任蒙古大汗位。窝阔台即位后取得了一系列辉煌的胜利，1227 年灭西夏，1234 年灭金，只剩下南宋还没征服。此时，窝阔台的目光再一次转向西方。公元 1235 年，窝阔台决定大举西征，这次西征的主要目标就是当年哲别和速不台曾经侦察过的钦察草原和斡罗斯地区。

在察合台的提议下，蒙古诸王派出各自的长子、长孙率军出征，以增加士气，有领地的诸王和万户、千户、驸马等也要派出长子率部队从征，因此，蒙古人的第二次西征也被称为"长子西征"。因为蒙古军的最高统帅是拔都，此次西征也被称为"拔都西征"。

1236 年春，参加西征的 10 多万蒙古部队在保加尔边境地带完成了集结。全军主力分为四部分：第一部分来自成吉思汗的长子术赤家族，由术赤的次子拔都（以长子的名义）指挥；第二军来自成吉思汗的次子察合台家族，由于察合台的长子木秃坚在西征花剌子模时战死，察合台家族的军队由察合台的长孙不里指挥；第三军来自窝阔台家族，由窝阔台的长子贵由指挥；第四军来自成吉思汗的幼子拖雷家族，由拖雷的长子蒙哥担任指挥。

此次西征大体可以分为三个阶段：第一阶段，蒙古军征服了保加尔和钦察，为下一步全面征服斡罗斯扫清了障碍；第二阶段，完成本次西征的主要战略目标，即先北后南，征服了全斡罗斯地区；第三阶段，向斡罗斯以西的今波兰、匈牙利一带发起进攻。

蒙古军队仅用不到一年的时间就已经扫平哲别和速不台侦查过的保加尔和钦察地区，占领了伏尔加河流域的大部分地区，并开始向北斡罗斯发起进攻。1237年秋，拔都召集西征军诸王商议战事，决定全军在冬季从东北方向弗拉基米尔公国进军。

斡罗斯境内地势低平，特别是冬季河川封冻后，骑兵可以自由驰骋，畅通无阻，蒙古军队一路进军很快。当时罗斯的城堡、房屋多用各种木材搭建，抗不住炮石和火药的轰击，再加上蒙古人遇到抵抗便屠城的极端做法，起到了很大的威慑作用，一路上许多城市主动投降。1237年12月，蒙古军分兵三路自罗斯东南攻入，穿过摩尔多瓦人的地区，进击奥卡河中游的也烈赞侯国，遣使令出民赋十分之一为岁贡，诸王子10人中派1人作人质，遭到也烈赞人的拒绝，于是蒙古军猛烈攻城。于1237年12月21日破城，也烈赞侯爵及诸将领全部战死，蒙古军焚毁了也烈赞城。

弗拉基米尔公国的援军闻知也烈赞城被攻克的消息后，移师科罗木纳城。此时，蒙古亲王阔列坚军2万人，挟持钦察军5000人为前锋，到达科罗木纳城下，双方大战于城外。结果是援军战败，蒙古军攻破科罗木纳城，但窝阔台汗的庶弟阔列坚死于攻城之战，因此，科罗木纳城军民遭到残酷的屠杀，蒙古军彻底捣毁了这一地区。

1238年初，蒙古军北上进攻弗拉基米尔公国，先后攻破12座城镇，逼近莫斯科洼城（莫斯科），欲从侧翼包围弗拉基米尔公国。拔都和速不台的主力部队对莫斯科洼城发起围攻，守军与蒙古军血战五天，最终不敌，莫斯科洼城破后遭到焚毁。弗拉基米尔大公令其妻和二位王子坚守都城，自己率兵到伏尔加河上游的雅罗斯拉夫尔城征集兵马组织抵抗，并请求诸公国派兵援助。

1238年2月，蒙古大军兵临弗拉基米尔城下，招降不成，分军攻取城堡。蒙哥领兵猛攻弗拉基米尔城六天，集中炮石击毁一段城墙入城，与守军展开激烈巷战，尸堆成山，血流成河。尤里二世的两位王子及诸将全部阵亡，官绅贵族等全部被杀。

1238 年 3 月，蒙古军与弗拉基米尔公国最后的军队，在锡特河畔展开了空前激烈的战斗。此时的弗拉基米尔军已到了无路可退的境地，最终被蒙古军彻底歼灭。随后，中路军和西路军合力进攻托尔若克，城中军民奋力抵抗两个星期后失败。至此，弗拉基米尔公国全境均被蒙古征服。随后，拔都重新布置作战任务，分兵进攻北罗斯的其他地区。

向北面诺夫哥罗德公国进攻的蒙古军，在行至距诺夫哥罗德城 50 余公里时，突然掉头南下，诺夫哥罗德公国躲过一劫。据分析，蒙古人可能是担心春暖雪化，道路泥泞，行军作战不利，所以放弃进攻。诺夫哥罗德城成为蒙古征服时期唯一幸存的城市，保留了这一时期俄罗斯的历史和文化。

南下后的蒙古军扫荡了斯摩棱斯克公国和契尔尼戈夫公国的东部，蒙

诺夫哥罗德城墙

古军途经小城科集尔斯克时，分军围攻该城，遭遇了科集尔斯克城居民的顽强抵抗，蒙古军伤亡数千人，三名蒙古诸王子弟阵亡。拔都大怒，率军助攻，七周方才攻克此城。蒙古军将守将瓦西里投在血渠中淹死，愤而屠城。

自 1237 年底到 1238 年初，在经过梁赞战役、弗拉基米尔战役和科集尔斯克战役之后，蒙古人基本平定了北斡罗斯。

1238 年 11 月，拔都率蒙古西征大军南下进抵阿速部都城蔑怯思，命贵由、蒙哥、不里、合丹等将领率各部分攻各地。不里部进掠克里木半岛，另一部蒙古军北上征服摩尔多瓦。别儿哥部进掠钦察草原，钦察部首领库滩汗率部逃亡匈牙利。

1239 年 1 月，蔑怯思城被攻破，阿速部归降。蒙古军在扫荡了南罗斯东部地区后，避暑休兵。1240 年春，拔都统领蒙古大军继续在南罗斯境内扫荡，一连攻取了今乌克兰东部诸多城镇。不久，蒙古军东至顿河。至此，蒙古军已经彻底扫荡了基辅周围的城池，断绝了基辅的援兵。

1240 年秋，拔都率蒙古大军自顿河西来进入基辅公国境内，直围孤城基辅。拔都站立在城外的崖岸上遥望基辅城，城内建筑壮丽，他不愿意毁坏这座美丽的城市，因而派出使者劝降。基辅守城主米海勒杀死蒙古使者后，又惧怕蒙古人报复，西逃匈牙利后又转逃波兰。使者被杀之后，蒙古人展开了攻城战，用大炮轰开了一段城墙，攻克并血洗了基辅城。

在占领基辅之后，蒙古军继续向西前进，冲入加利西亚公国，攻占其首都弗拉基米尔－沃伦，然后分兵两路，一路向南进攻加利奇，一路向西北进攻霍尔姆。在经过基辅战役和加里西亚战役之后，蒙古军又占领了整个南斡罗斯。至 1241 年初，随着这两座城市的陷落，斡罗斯和乌克兰的重要城镇基本都为蒙古西征军所控制。

据说，在占领南斡罗斯之后，蒙古人还与威尼斯人建立起了贸易关系，并通过威尼斯人来刺探欧洲各国的情况。他们还通过贸易手段和威尼斯人建立了秘密联盟，威尼斯人向蒙古人提供欧洲的地理和政治情报，蒙古人答应在他们的领土上给予威尼斯人贸易垄断特权。

1240 年冬，拔都将大军向波兰边境集中，在加里西亚境内休整。同时，积极搜集有关波兰、匈牙利等国的情报，做出了新的战略部署：大军分三路西进，右翼军进攻波兰，中路军由拔都、速不台率领，直取匈牙利都城佩斯，左翼军绕过喀尔巴阡山脉，从东南发起进攻，最后在佩斯特附近会合。

波兰地处波罗的海南岸，西北接德国及内波美剌尼亚、东接加里西亚及立陶宛，南接喀尔巴阡山，与捷克、匈牙利为邻，西接布兰顿堡及西里西亚。从 12 世纪起，波兰已形成割据局势。1139 年，波兰国王波列斯拉夫三世去世，将王国分给四个儿子，之后他的儿子又将封地分给自己的后裔。于是，整个波兰分裂为几十个封建领地。蒙古军进攻波兰时，波兰正处于这种分裂状态。

1241 年春，察合台之子拜答儿率军进攻波兰。4 月 9 日，昔烈西亚大公亨利二世，在里格尼志集结了三万人的兵力，这是由日耳曼、波希米亚、波兰三个国籍的兵力组编而成的，故史称"波德联军"。会战的结果是德波联军全军覆没，亨利二世也被蒙古追兵杀死。4 月 15 日，拜答儿的右翼军南下，攻克拉泽布尔城，越过捷克王国边境，攻陷了克奥帕瓦、奥洛摩茨、布尔诺等城，完成了战胜波兰、剪除右翼威胁的战略作战任务。

此后，拜答儿奉命进攻匈牙利，一举攻下匈牙利北部的特伦琴、布拉的斯拉发、尼特拉、克马纳等城，于 1241 年 6 月 27 日，与拔都、速不台率领的主力军会师。

13 世纪的匈牙利三面环山，地形险要，北有苏台德山脉，东有喀尔巴阡山脉，南有阿尔卑斯山脉，易守难攻。但是却和波兰一样，国内处于严重分裂的状态。此外，匈牙利境内的另一个不安定的因素，就是匈牙利国王收容了逃避蒙古军的钦察首领库滩率领的4万帐部众。

1241年3月，蒙古大军突破了喀尔巴阡山山口的匈牙利军防线。匈牙利国王收到蒙古军队穿过山口的消息后，紧急召集各地领主，商讨如何阻止蒙古军队继续入侵。当会议还在讨论时，蒙古军队的先锋已经抵达多瑙河的对岸。本以为正在融化的积雪和涨水的河流可以阻挡蒙古军队前进的脚步，匈牙利可以趁机召集更多的军队，但是没想到在布达佩斯东北约160公里的蒂萨河附近匈牙利人遭遇了惨败。

1241年4月11日黎明，蒂萨河上的匈牙利守军遭到了石与箭的猛烈攻击，还伴随着雷鸣般的声音和火光，紧接着就是猛烈的攻击。被奇怪的武器和突袭弄得晕头转向的匈牙利守军迅速被制服，蒙古军队顺利地过了桥。看到火光和混乱的匈牙利主力部队急忙从防御营地出动，与来袭的蒙古军队发生激烈的战斗。但是，这支部队仅是为了牵制匈牙利军队而来。真正的主攻还没有开始。在桥上的争夺如火如荼时，速不台亲自指挥约3万蒙古部队，悄悄地从蒂萨河冰冷的河水中跋涉过河，突然向北攻击匈牙利军队的左翼及侧后。匈牙利人不能抵挡这一系列的冲击，慌忙后退。由于防线的崩溃，匈牙利军队战斗队形混乱，许多人丢盔弃甲逃跑。但是蒙古骑兵的战马，似乎从四面八方同时出现，将精疲力竭的匈牙利士兵赶进沼泽，并突击了有些士兵企图避难的村子。经过几小时战斗，匈牙利军队被彻底摧毁，大约有4万—7万人死亡。匈牙利军队的失败使蒙古人控制了从第聂伯河到奥德河和从波罗的海到多瑙河的整个东欧地区。

1241年夏，速不台巩固了对匈牙利东部的控制，制定了进攻意大利、奥地利和德意志的计划。1241年冬，蒙古军队开始越过结冰的多瑙河向西挺进。前锋越过尤利安山进入北意大利，而侦察分队穿过多瑙河谷逼近维也纳。

　　就在这时，从蒙古人的大本营传来消息，大汗窝阔台去世。这个消息挽救了兵临城下的意大利和维也纳，也使欧洲的其他地区免遭蒙古铁骑的践踏。1242 年，蒙古军队从维也纳和威尼斯郊区撤军，从此再也没有回来。

　　蒙古人的西征不仅是战场上的兵戎相见，其影响还体现在东西交通、民族、经济、宗教、科技文化等诸多层面。首先，蒙古人的兴起和西征打通了中国与欧洲之间的陆上交通，并在一定程度上恢复了丝绸之路的繁荣。其次，众多蒙古人随军西迁中亚、西亚甚至欧洲的同时，还将大批西方工匠带到中国，更有许多著名的商人、传教士、旅行家沿丝绸之路穿梭往返，络绎不绝，推动了这一时期东西方政治、经济、文化等各方面的交流。最后，蒙古人西征中火器的使用，对促进欧洲的军事变革、经济发展和社会转型起到了重要作用。

教皇的使者

成吉思汗有句名言，"凡我铁蹄所到之处，不许有任何障碍使我所骑的马为之绊倒。"这也是蒙古人的写照，在西征的途中蒙古人但凡遇到顽强的抵抗，或者是在攻城中折损了大将，就一定会屠城泄愤，从中亚至欧洲的很多城市皆毁于蒙古人的兵锋和战火。

蒙古人的强横和残忍，被大量西迁的移民所夸大，并迅速传遍了整个欧洲，引起了一片恐慌。尤其是当蒙古大军迅速攻下波兰、匈牙利之后，欧洲为之震动，也引起基督教教皇的关注。

1238年，亦思马因人在送呈西方基督教世界英、法国王和教皇的信中写道：

（蒙古人）像魔鬼一样涌出地狱，像蝗虫遍满地面，他们恐怖地毁坏了（欧洲）东部地区，……夷平城镇、砍倒树木、堕毁城堡、拔掉葡萄树、破坏园林、杀戮城民和农夫……因为他们残酷不仁，与其说是人，还不如说是怪物：嗜饮鲜血，撕裂、吞噬人肉和狗肉，穿牛皮，矮而壮，强健粗短，所向无敌。

1227—1241年在位的罗马教皇格里高利九世，从波兰和匈牙利逃回的方济各会和多明我会士那里获悉蒙古西征的消息，得知了蒙古军的杀戮情况。教皇格里高利九世曾致函日耳曼的各修会会长，试图组织军队抵抗蒙古人，但因欧洲各国君主意见不一而作罢。

当时欧洲的情况非常复杂，俄罗斯和东欧小国林立、各自为政，对蒙古人的进攻基本上无法进行有效的抵抗。而作为欧洲精神领袖的天主教会内部教皇更迭频繁，教廷迁徙不定。同时，由罗马教廷和欧洲君主组织十字军，远征东方的伊斯兰世界，但是屡战屡败。而随着伊斯兰世界的兴起和扩张，拜占庭帝国不断遭受攻击，渐渐衰落。

最严重的是，这一时期罗马教皇和日耳曼的神圣罗马帝国皇帝争夺权力，斗争非常激烈，面对问题时无法进行正常商讨，更别提达成统一意见，一致抵御蒙古军了。

教皇格里高利九世在继位当年，就宣布对神圣罗马帝国皇帝兼西西里国王腓特烈二世进行惩罚，还发动了对西西里的进攻。但是，腓特烈二世击败了教皇的军队，并于1239年率军攻入教皇的领地撒丁。1241年，格里高利九世在罗马召开主教会议，试图反击腓特烈二世，但并未成功，教皇本人就在当年去世了。随后继位的教皇西莱斯廷四世，在位仅17天便去世了。

1243年，英诺森四世成为教皇，在继位以后竭力振兴教权。1245年，英诺森四世与腓特烈二世谈判失利，从被围困的罗马城逃往法国里昂，在法王路易九世的支持下召开里昂公会议，以作伪证、亵渎、异端等罪名，再次革除腓特烈二世教籍，并宣布废除其王位。在这次会议上，教皇和主教们讨论了如何应付蒙古人的问题。由于从波兰、匈牙利逃回的方济各会和多明我会修士的报告中提到，蒙古人中有许多基督徒。因此，英诺森四世决定派方济各会修士约翰·柏朗嘉宾出使蒙古，缔结和约，窥探蒙古的军事实力，并试图使蒙古人改信天主教。

1245 年，已经 63 岁的柏朗嘉宾自法国里昂出发，踏上了出使蒙古的行程。

意大利方济各会修士柏朗嘉宾，1182 年出生在意大利佩鲁贸的一个贵族家庭，是圣·方济各的挚友，也是小兄弟会（方济各会）的创始人之一。

柏朗嘉宾一行一路艰难跋涉，经过波希米亚、波兰和罗斯，于 1246 年到达基辅，然后被蒙古人送往位于伏尔加河上游东岸的萨莱城，在那里，他们见到了成吉思汗的孙子、当时的钦察汗国大汗拔都。

拔都命人将教皇的信函译成俄文、萨拉森文和蒙古文后，派人带他们去蒙古参加在金帐举行的即位典礼。他们沿里海，经巴尔喀什湖，越过阿尔泰山，一路以最快的速度骑马飞奔，每天换五六次马，"除了吃用水和盐煮的小米外，我们没有任何其他食物，……除了用锅烧化的雪水外，我们没有其他饮料"。终于在 7 月 22 日及时赶到哈剌和林，参加了贵由被拥戴和即位为大汗的大会。

1246 年 11 月 13 日，柏朗嘉宾觐见贵由汗，呈上了教皇致蒙古皇帝的两道敕令。第一道敕令中教皇详细地阐述了基督教的教义，第二道敕令则是劝告蒙古皇帝停止向西方的进攻，并谴责蒙古士兵滥杀无辜。

贵由汗曾想派出使者和柏朗嘉宾一起回欧洲，但柏朗嘉宾拒绝了这一提议。后来，柏朗嘉宾记叙他之所以拒绝的原因是："第一，我们害怕他们见到我们之间的内讧和战争，将会鼓励他们向我们发起进攻；第二，我们唯恐他们刺探我们国家的活动；第三，我们担心他们会被处死。"

1246 年 11 月 17 日，柏朗嘉宾一行带着贵由汗致教皇的信，被遣送回国。由于考虑到欧洲没有人能够识读蒙古文，贵由汗给教皇的回信是用波斯语写成的。长期以来人们一直认为此信的原件已经失传了，研究者只能在卡尔皮尼的《蒙古史》一书中读到他用拉丁语译写的一些内容。直到 1920 年，梵蒂冈图书部主任蒂塞兰主教在教廷所藏档案中发现了一批极其珍贵的古老文件，都是用当时人所不认识的文字写成的，他将这些文件影印了几份，寄给几名著名的语言学家进行解读。令人意外的是，法国著名的东方学家伯希和在其中发现了贵由汗给教皇的信。

贵由汗给教皇的回信，语气是极为傲慢的。在表明了蒙古人不明白为何要接受西方基督教的洗礼以及对其"杀人之多"谴责的漠视之后，贵由汗说："你们西方人，自以为独奉基督而鄙视别人，但……我亦信上天，赖上天之力，我将自东徂西，征服世界。"信中写道："如果你不遵守永恒的上天的命令。如果你不理睬我的命令，我就把你当做敌人。同样，我会让你明白这话的意思。你不按照我的命令做，其后果只有永恒的上天才知道了。"对教皇使用充满威胁意味的言辞。

当柏朗嘉宾出使蒙古的时候，教皇又派出一个使团出使近东的蒙古军营。此时，教皇正授权法王路易九世组织第七次十字军东征，教皇遣使的目的，是希望能够联络蒙古人中的聂斯脱里派基督徒，合力进攻占据耶路撒冷的伊斯兰教徒。

1247 年夏天，教廷的三位使节龙如美、贵加、亚杰利抵达蒙军前锋统帅拜住的军营。教皇使节不愿下跪，也不愿献礼。拜住大怒，命推出斩首，幸得拜住妃子中有一信景教（聂斯脱里派）者的营救，才得幸免。7 月 25 日，拜住将回信交给使节带回。

1248 年 9 月 21 日，法王路易九世统帅第七次十字军，驻扎于地中海中的塞浦路斯岛。12 月 14 日，有两名青年，一名叫大卫（Moriffat David），一名叫马可（Marcus），自称是蒙古驻波斯军队统帅宴吉只带的使者，晋见路易九世，由曾经出使蒙古的龙如美任翻译。来信祝愿路易王国长盛不衰，并祝贺基督教十字军在与伊斯兰教的战争中获得胜利，语气与以往来信有很大的不同。此信很可能是伪造，但路易九世信以为真，于是派了龙如美和两名多明我会士约翰与威廉出使蒙古。

1249 年 1 月 27 日，龙如美等人离开塞浦路斯前往宴吉只带营中，宴吉只带派人带法王的使臣前去见大汗。当时贵由汗已经去世，皇后斡兀立海迷失临朝称制。龙如美拜见了皇后，皇后回信给路易九世，其内容令欧洲人大失所望。蒙古人将教皇和法王的使节当做前来朝贡的人，回信的语气十分傲慢，所以教皇和法国决定不再派使节出使蒙古。但是，那时的欧洲人已知道蒙古朝廷和军队中有人信奉基督教，所以教皇和路易九世试图派传教士进入蒙古。

在 1253 年 5 月 7 日，教皇派遣方济各会修士鲁布鲁克和另一位意大利人克莱莫那，带着国王的信件，离开君士坦丁堡，前往克里米亚半岛上的大商埠苏达克。6 月 1 日，他们遇到蒙古军队，被送往拔都之子撒里答的军营，后来到钦察拜见了拔都，拔都派人把他们送往蒙古。1253 年 12 月 27 日，鲁布鲁克一行到达和林。次年 1 月 4 日，他们受到大汗蒙哥的接见。鲁布鲁克请求留在蒙古传教，但被蒙哥拒绝。

在穿梭于中国和欧洲的使者之中，我们还应该提到两位来自中国的使者：列班·扫马（Rabban Suama）和马可斯（Markos）。

列班·扫马于 1225 年生于北京，其父是景教的视察员。列班·扫马自幼接受了全面的宗教教育，20 多岁时便离家修行，居于大都附近山中，成为著名教士。马可斯于 1245 年生于山西霍山，其父为景教主教裴尼尔（Bainiel）。马可斯有志隐修，因而拜列班·扫马为师。

1275 年左右，列班·扫马与马可斯决心西行前往耶路撒冷朝圣。他们从北京出发，经山西霍山、敦煌、和阗、喀什噶尔、呼罗珊，抵达巴格达。他们在马拉加城取得聂斯脱里派宗主教马屯哈的介绍信，前往巴勒斯坦。

阿西西古城的圣方济各教堂

但由于叙利亚北部正在发生战争，他们无法前行。

1280 年，马屯哈在统辖波斯的蒙古大将旭烈兀的妃子托古思可敦的支持下，委任马可斯为驻中国的契丹总主教，列班·扫马为总视察员。1281 年，马可斯和列班·扫马在回国途中，听到马屯哈去世的消息，折回送葬。在选举继任的总主教时，各地主教竟一致推举马可斯为"东方教会宗主教"，法号雅八拉哈三世，其辖区从东方的中国至西方的巴勒斯坦，北至西伯利亚，南至锡兰。当时马可斯才 35 岁。

据说，当时蒙古统治波斯的西域宗王阿鲁浑倾向景教，宣称如能克复"圣城"耶路撒冷，他便入教。为联络西方的教廷和欧洲各国君主，他请新任景教宗主教的马可斯推荐人选，出使欧洲，马可斯推荐了列班·扫马。

1287 年 3 月，列班·扫马及其随行人员从黑海的一个港口出发，乘船至君士坦丁，两个月以后抵达那不勒斯，然后到了罗马。此时教皇奥诺利五世刚刚去世，于是，列班·扫马先赴巴黎，晋见了法王腓力四世，瞻仰了耶稣的茨冠和十字架的真圣木。阿鲁浑致法王腓力四世的信至今仍保存在巴黎古今文牍官库内。同年 11 月，列班·扫马离开巴黎来到波尔多，晋见了英王爱德华一世，英王请求列班·扫马主领圣餐，用的是景教礼仪。1288 年 2 月，新教皇尼古拉四世继位。列班·扫马回到罗马，受到教廷的欢迎。列班·扫马呈上了阿鲁浑及雅八拉哈给教皇的信。教皇邀请列班·扫马按景教仪节主领圣餐，列班·扫马也参加了教皇主持的天主教弥撒。尽管列班·扫马所代表的是被视为异端的聂思脱里教，然而其欧洲之行仍备受欢迎。

1289 年，列班·扫马回去向阿鲁浑复命。同年，阿鲁浑又派了一个使团前往欧洲。使团由一个欧洲世俗人比斯卡莱带着三位绅士、八个马夫、一个厨子及六个仆人组成。在复活节后该使团出发，数月后抵达罗马，然后去了巴黎和伦敦，但也未有任何实质性的收获。1290 年，阿鲁浑又派了一个使团，该使团的活动不为人知，但教皇于 1291 年 8 月 21 日和 23 日回信尚存，都是规劝阿鲁浑早日受洗入教，并通报了英王爱德华将远征耶路撒冷的消息。但此时阿鲁浑已经去世。

列班·扫马晚年管理军营教堂，1294 年 1 月在阿尔伯拉去世。雅八拉哈三世先在巴格达管理教务，后回到马拉加，晚年的雅八拉哈受到穆斯林的攻击。1304 年 5 月，他在给教皇的信中承认"罗马教宗为全世界基督徒之父，圣彼得的继承者"，但是在教会事务方面，这位东方宗主教一直独立于罗马。

天主教进入中国

　　蒙古人的部队中有大量基督徒的报告，极大地激发了教皇及罗马教廷向东方传教的热情。教皇使者向蒙古大汗的宣教没有取得任何效果，但也没有使教皇丧失这种热情。1289 年，教皇尼古拉四世任命蒙高维诺担任教廷的使节来中国，这是罗马教廷第一次正式派遣传教士来中国。

　　蒙高维诺于 1247 年生于意大利南部，早年曾在亚美尼亚和波斯传教。接到教皇的任命后，蒙高维诺经亚美尼亚、波斯和印度，从海路来到中国。1294 年，蒙高维诺抵达大都，觐见元帝，受到元廷的礼遇，并批准他在元大都附近传教。

　　此前，早至唐代，中国就已经有基督教的聂思脱里派传教，聂思脱里派在中国也被称为景教。但是，天主教在中国的大规模传播，却是蒙高维诺来华以后的事情了。景教与天主教这两大基督教的教派有着明显的区别，当时景教在蒙古许多部落中有着深厚的基础，在蒙古汗廷中也有着较强的势力，因而，蒙高维诺最早的传教活动所受到的阻力，较多地是来自蒙古人中的景教徒。

　　蒙高维诺在给教皇的信中写道："聂思脱里派徒众，名为崇拜基督，实则远离圣道。其人在东方有权有势。不与同道者，则虽至小教堂，不许建设，稍与异旨之文字，不得刊布也。东方诸国，自昔圣徒绝迹。"

可想而知，如果没有元朝皇帝的保护与支持，蒙高维诺及其传布的天主教，恐怕很难在中国立足。

从汪古部阔里吉思的部众对基督教的态度，也可看出两派最初接触时的冲突情况。阔里吉思及其部众原本信奉景教，蒙高维诺来华后，改信天主教。尽管阔里吉思在世时使他的部众都归信了天主教，但由于景教在汪古部有着深厚的基础，当他一死，其部众马上重新信奉景教。

但是，经过蒙高维诺的不懈努力，天主教在中国还是取得了明显的发展。蒙高维诺在寄给教廷的信中说，他建立了三座教堂，给6000多人洗礼，如果不是聂斯脱里派的阻挠，还可能有多至3万人受洗。他还收养了40名7岁至11岁的孤儿，教给他们拉丁文和教会的礼仪，又组织了圣诗队。在他抵达中国的第一年，就劝化了汪古部高唐王阔里吉思，其子术安，即约翰，使他们改信天主教。汪古部因而归依天主教，还营建了自己的教堂，那座教堂离北京有20天的路程。

此外，蒙高维诺的信中还提到，他初到中国时，曾受到中国景教徒们的排挤，甚至被诬下狱，历经艰辛，方得昭雪。当时中国境内的景教徒共有3万多人，资产雄厚，建有华丽的教堂，在朝中拥有较强的势力。大汗对蒙高维诺传播的教义是比较宽容的，但是，蒙高维诺也承认，他曾劝说大汗改信天主教，但是没有成功。

1307年，罗马教廷鉴于蒙高维诺在孤军奋斗中取得的优异传教成绩，特设汗八里（即北京）总主教区，委任蒙高维诺为总主教，统辖契丹（中国北部）及蛮子（中国南部）各处主教及教务。这是罗马教廷在中国设立的第一个传教区。远东教区也归蒙高维诺领导，并拥有简授主教和划分教区的权力，非重大事件，不需请示教皇，只须承认教皇为教会领袖，并从教皇处领取总主教绶带。

同年 7 月，教皇克勒门五世命圣方济各会主教七人，由海路前往中国，协助蒙高维诺开展传教工作，但最终只有哲拉得、佩里格林和安德烈三人抵达中国。1308 年，蒙高维诺任命哲拉得担任泉州主教，使泉州成为北京之外的另一个天主教在华传播的中心。

蒙高维诺在中国居住了 30 多年，翻译了很多圣经的经文和诗篇。据记载，他在 38 年中共给 3 万多人施洗。至 1328 年，蒙高维诺在北京去世，享年 80 岁。据说，在当时有很多人尽管不是教徒，也自愿为他送葬。

蒙高维诺在中国传教期间，还曾劝化了一些外来的部族信仰天主教，包括从俄罗斯和西方来的军人，其中最重要的是从黑海高加索地区来大都的阿兰人。他们在蒙高维诺去世以后，请求元顺帝遣使教廷，以通往来。同时，阿兰官员也上书教皇，请求委派主教和传教士来中国。

1336 年，元顺帝派遣在中国的欧洲人安德鲁及阿速人脱该等为使者，致书于罗马教皇。信的内容除表示友好、要求教皇"告天祝寿"外，还将信奉基督教的阿兰人介绍给罗马教皇，并请帮助购买良马、珍宝等物。

使团于 1338 年抵达法国阿维农 (Avignon) 的

阿维农教皇宫

教皇驻地。教皇本尼迪克特十二世隆重款待了元顺帝的使者，带领他们游历欧洲各地，并派遣佛罗伦斯人马黎诺里等为特使，率领一个 30 余人的庞大使团，携带致蒙古大汗的信及礼物，出使元朝。

1338 年 12 月，马黎诺里一行从阿维农出发，至意大利那颇利港，会齐元朝来使，先到钦察汗国都城萨莱，沿商道东行，经玉龙杰赤，至察合台汗国都城阿力麻里，再经哈密力等地，于 1342 年 8 月抵达大都，觐见元顺帝。

到达大都后，马黎诺里穿着庄严的祭服，在隆重的仪式中觐见了元顺帝，并献上了罗马教皇赠给蒙古皇帝的良马、礼物和书信。元朝的史书还记载，这匹马"长一丈一尺三寸，高六尺四寸，身纯黑，后二蹄皆白"。元顺帝极看重这匹骏马，称为"天马"。

马黎诺里自己也记叙了觐见元顺帝时的隆重场面：

> 大汗看见战马、教宗礼物和用金箔密封的国书，极大喜悦，赞不绝口。对我们尊重备至。觐见时，我身着礼服，在我前面有人持一极为精美的十字架，灯烛辉煌，香烟缭绕；我口唱"笃信唯一真神"，进入豪华壮丽的宫殿朝见大汗。圣歌毕，我为大汗祝福，大汗虔诚领受。然后我们被送至宫馆，此馆早已为我们准备，装饰豪华，大汗派二亲王侍候我们，所需一切如食物、酒，甚至糊灯笼用纸，皆极为丰富。

马黎诺里在元朝的宫廷住了四年之久，备受尊敬，丰衣足食。他于 1346 年离开上都，经杭州、宁波，由泉州从海路经印度返回欧洲，于 1353 年回到阿维农复命。次年 5 月 12 日被升任为皮西尼亚尼主教。

当时，波希尼亚王查理四世到罗马行加冕礼，晋为日耳曼皇帝，他在听说马黎诺里出使远东的事迹以后，任命他为皇室顾问、皇宫神长及宫廷史官，并奉命撰写《波希米亚史》，书中略述他出使中国的经过。

自马黎诺里之后，罗马教廷派往中国的使节如马索、伯拉多、加布阿等，都未能到任。至元末，天主教在中国的传播陷于停顿。

1362年，汉军攻入泉州。泉州最后一位天主教主教詹姆斯被杀。1368年，明朝建立，元顺帝从大都逃亡漠北，信奉基督教的阿兰人也随之流亡，在元朝一度兴盛的天主教逐渐销声匿迹了。

蒙元时期，在蒙古汗王统治之地，地域辽阔，民族众多，宗教多样。基督教，不论是聂思脱里派，还是天主教派，都在蒙古帝国得到广泛传播。信奉基督教的，有部分蒙古人、畏吾儿人、阿兰人，也有从欧洲掳来的原本就信奉基督教的士兵、工匠和妇女，还有往来各地的欧洲商人。这一时期，元朝统治者和欧洲开始了直接交往，从兵戎相见到传达信件、互派使者，再到派遣传教士，东西方在宗教文化上的往来日渐增加。

旅行家的时代

宋元时期，中外交通特别发达。陆路通波斯、叙利亚、俄罗斯、欧洲等地，海路通日本、朝鲜、东南亚、印度、波斯湾以至非洲各地。随着中外交通，特别是海上交通的发展，为中国人到海外提供了更为便利的交通手段。这一时期，中国人到海外的越来越多，其中主要是商人。随着出行人数的增加，人们对海外世界的认识也有显著进步，一些人在海外游历之后，将自己的所见所闻记述成书，向国人打开了一扇看世界的窗口。

在这些旅人之中，有的是取陆路一路向西，考察风土人情；有的是走海路顺流南下，记录沿途风光，优秀者不乏其数。

通过陆路西游的旅人，较著名的有契丹人耶律楚材，女真人乌古孙仲端、常德，还有著名道士丘处机。

耶律楚材（1190—1244年）是辽朝皇族的后裔，成吉思汗进攻金朝时归降蒙古。成吉思汗西征时，耶律楚材随军到达中亚地区，于1224年东返。1228年，写成《西游录》一书，记述了这次西游的经历和中亚的风土人情。

丘处机（1148—1227年）是道教的一支全真教的掌门人，被教徒们尊称为"长春真人"。成吉思汗西征时，受征召赴西域，后西行到达大雪山（即今阿富汗的兴都库什山）西北坡的八鲁湾，与成吉思汗会晤。丘处机的随行弟子李志常著有《长春真人西游记》，记载了他们师徒的西行见闻。

1220 年、1222 年，乌古孙仲端两次作为金朝使臣与蒙古议和，曾到中亚铁门关拜见成吉思汗，著有《北使记》记述其行程所见所闻。

1259 年正月，蒙哥汗因旭烈兀西征而命常德前往视察。常德从和林出发，西行抵达报达（今伊拉克首都巴格达）。其随行人员刘郁著《西使记》，记录了常德使团西行的经历及见闻。1287 年，伊利汗阿鲁浑欲联合基督教国家攻取耶路撒冷和叙利亚，遣扫马出使罗马教廷及英、法等国。列班·扫马出使西欧，是文献中明确记载的中国人第一次出访欧洲诸国。

元代经海路旅行海外的也大有人在。1296 年，周达观随使臣出使真腊，归国后撰著《真腊风土记》一书。但元朝最著名的中国旅行家，当属汪大渊。

汪大渊，字焕章，江西南昌人。汪大渊自小就对自然和民俗方面的书籍有着浓厚的兴趣，希望成为一个游历世界的旅行家。他多次参加科举考试，却屡次名落孙山，便对科举失去了信心，转而全心全意为实现自己的儿时梦想而努力。

汪大渊的家乡南昌在当时是一个商业城市，经常有人离开南昌前往泉州。汪大渊主动和商人相处，趁机对泉州进行考察。在考察的过程中，泉州港口的船只以及堆积如山的货物深深吸引着汪大渊。汪大渊此时期还接触了大量穿着奇装异服、操不同语言的海外商人，并听到了许多海外见闻，这更加坚定了汪大渊进行海外旅行的信念。因此，汪大渊在之后的时间内不断寻找机会，以便能够和外商一起出海旅行。

1330 年，20 岁的汪大渊来到了海上丝绸之路起点——泉州，跟随一艘远洋商船从泉州出发，进行远洋旅行。

此次旅行经历了五年之久。此次航行的路线是，经由海南岛、占城（越南）、马六甲、爪哇、苏门答腊、缅甸、印度、波斯、阿拉伯、埃及，横渡地中海到北非的摩洛哥，再回到埃及，经红海来到索马里，再南下到莫桑比克，紧接着东渡印度洋来到斯里兰卡、苏门答腊、爪哇，再折向南方的澳大利亚，抵达加里曼丹，而后前往菲律宾，并返回泉州。

应当指出的是，汪大渊是有记载以来第一个抵达澳大利亚的中国人。过了将近200年之后，欧洲人才知道有澳大利亚这么一个地方。

此次航行虽然时间较长，而且历经艰险，但是却深深勾起了汪大渊对远洋旅行的兴趣，于是在1337年，汪大渊又进行了他第二次远洋航行。和上次一样，此次汪大渊也是从泉州出发，遍历南洋群岛、阿拉伯海、波斯湾、红海、地中海、莫桑比克海峡附近各国，最终又游历了澳大利亚，于1339年返回泉州。

两次远洋航行，前后历经将近七年的时间。在游历中，汪大渊对亲身经历见闻进行了详细记录。到1349年，汪大渊开始着手编写《岛夷志》一书，将自己游历的各地区的社会经济情况、风土人情记录下来。此后，汪大渊回到南昌，重新将《岛夷志》节录成《岛夷志略》，并在南昌印行，此后广为流传。但是原来的《岛夷志》却因为元末的动乱逸失大部分，到了明朝最终失传。《岛夷志略》约2万多字，共记载了汪大渊到达过的亚、非、澳三洲200多个国家和地区。还对海外华侨的生活情况进行了描写。比如泉州吴姓商人居住在今帝汶岛，元朝出征爪哇的部队有一部分留在了金格兰岛等。

在中西交通大道上，欧洲各国旅行家来中国的也络绎不绝。有的还在中国进行过广泛的旅行，居住多年才归国，其中以意大利人旅行家马可·波罗最负盛名。

马可·波罗生于意大利威尼斯一个商人家庭，也是"旅行世家"。他的父亲尼科洛和叔叔马泰奥都是威尼斯商人。马可·波罗还小的时候，他的父亲和叔叔到东方经商，来到元大都（今天的北京），并朝见过蒙古帝国的忽必烈大汗，还带回了大汗给罗马教皇的信。

1271 年，马可·波罗陪同父亲和叔叔，带着教皇的复信和礼品向东方进发。他们从威尼斯进入地中海，然后横渡黑海，经过两河流域来到中东古城巴格达，从这里到波斯湾的出海口霍尔木兹。但是他们在霍尔木兹一直等了两个月，也没遇上去中国的船只，只好改走陆路。从霍尔木兹向东，越过荒凉恐怖的伊朗沙漠，跨过险峻寒冷的帕米尔高原，沿塔克拉玛干沙漠的西部边缘，经敦煌、酒泉、张掖、宁夏等地，历经三年半的跋涉，于 1275 年夏天抵达内蒙多伦的元代上都，觐见忽必烈，受到忽必烈的热情欢迎。

马可·波罗年轻聪明，善于学习，很快熟悉了东方的风俗和语言，加上他办事谨慎认真，忽必烈对他十分器重，除留他在京城居住外，几次安排他出访国内各地和一些邻近的国家。1277 年至 1280 年间，马可·波罗离开京城到云南旅游。他从北京出发，经由河北到山西，过黄河，入关中，然后越秦岭，到四川成都，从成都西行，渡金沙江，到达云南昆明。马可·波罗出访云南之后，又游历了长江下游的淮安、宝应、高邮、泰州、扬州、南京、苏州、杭州、福州、泉州等城市。忽必烈还任命马可·波罗为扬州地方官，在那里任职三年。马可·波罗在中国期间，还奉命出使过东南亚一些国家。

马可·波罗和他的父亲、叔叔在中国旅居约 17 年之后，于 1291 年初，因护送元室阔阔真公主前往波斯，而离开大都回国。他们从福建泉州出海，西南行，经爪哇、苏门答腊、斯里兰卡、马拉巴海岸，直驶波斯湾的霍尔木兹，自此登陆，经人不理士到特勒比遵德，由此坐船经伊斯坦布尔，于 1295 年回到了离别 20 余年的家乡威尼斯。

回到威尼斯之后，马可·波罗在一次威尼斯和热那亚之间的海战中被俘，在监狱里口述旅行经历，由鲁斯蒂谦写成《马可·波罗游记》一书。《马可·波罗游记》记述了马可·波罗在东方最富有的国家——中国的见闻，激起了欧洲人对东方的热烈向往，对以后新航路的开辟产生了巨大的影响。

马可·波罗雕像

摩洛哥人伊本·白图泰（1304—1377年），是中世纪阿拉伯世界最有影响、最富盛名的旅行家。

伊本·白图泰出生于丹吉尔的一个名门望族，他自幼聪颖好学，年少时便能够背诵全部《古兰经》，长大后更是谙熟教义学和教律学。1325年6月，21岁的伊本·白图泰借前往麦加朝圣之机，开始了周游世界的历程。在前往阿拉伯半岛之前，伊本·白图泰先后游历了利比亚、埃及、巴勒斯坦、约旦、黎巴嫩、叙利亚等地的名城，亲身感受了这些地区的历史风貌、名胜古迹等。1326年，伊本·白图泰取道麦地那，瞻仰了圣寺和圣陵，随后前往麦加朝觐。

此后，伊本·白图泰开始向东方旅行，去过伊拉克、波斯、佐法尔、霍尔木兹马斯喀特、黑海的克里米亚半岛、花剌子模、布哈拉、撒马尔罕等地。1333年，伊本·白图泰来到印度河流域，并在此生活了较长一段时间，而后作为印度国王的使者经海路出使中国，于1346年抵达泉州。自中国返回后，伊本·白图泰经印度返回了麦加，进行了第

白图泰雕像

四次朝觐。于 1349 年返回故乡，结束了长达 24 年的第一次旅行。

因为旅途劳累，伊本·白图泰回乡不久就病倒，但是大病初愈的他，又计划进行第二次出游：经直布罗陀海峡前往西班牙。回来后，又进行了第三次出游，目的地是黑非洲。

1354 年，摩洛哥苏丹命令伊本·白图泰将其游历写成书，于是伊本·白图泰口述，穆罕默德·伊本·朱赞·凯洛比记录，于第二年完成了《伊本·白图泰游记》。伊本·白图泰是阿拉伯历史上第一位在著作中描述中世纪中、西非社会生活的旅行家。

宋元时期，中国与西方之间的交通空前发展。由于航海技术的发展和经济重心的南移，海上丝绸之路逐渐成为中国对外贸易的主要路线。蒙古人的西征再次打通了传统的陆上丝绸之路，但是由于战火的破坏和海路的兴起，这条路不再是以贸易为主，转而成为蒙古人行军的道路和西方使者、传教士来华的道路，在政治、军事、宗教方面起到了更大作用。在这一时期，中国与西方之间的交流进入繁荣期。

蒙古人的骑兵横扫欧亚大陆，来到了伏尔加河边、多瑙河流域，给欧洲带去巨大的震撼和恐慌。欧洲的商人、传教士也通过海陆丝绸之路纷纷来到中国，之后又将自己传奇的中国之行写成著作，将中国的形象带回欧洲，引起了欧洲人对中国的兴趣，也加快了欧洲人寻找中国、探索世界的脚步。

中西方交流的转折时代

继元之后的明代，虽然在前期也曾通过陆路交通和中亚、西亚保持了一定联系，但总的来说，对外陆路交通已经衰落。而明代的对外海上交通事业却在此时发展到了新的高峰，由国家组织的大规模远洋航行和私人的海上活动，极大地推动了中国与世界其他国家的交往，在中国的对外交往史上写下了辉煌的篇章。

　　与此同时，随着西方基督教国家进入到资本主义原始积累时期，再加上新航路的开辟，一些西方早期殖民国家陆续进入中国，进行侵扰活动，与当地官兵和居民发生了几次军事冲突。除此之外，一些西方传教士也来到中国进行宗教活动，他们在传教的同时，带来了西方先进的自然科学知识，一定程度上促进了中西文化的交流，掀起了中西方交流的新浪潮。

辉煌的海上壮举

1368年，朱元璋在元末农民起义的基础上建立了明朝，开启了新的时代。明初所推行的积极进取对外政策，使中西陆路交通得以继续繁荣，但此后，随着中亚地区的长期战乱，和明王朝在对外政策上奉行保守思想，中西陆路交往日渐沉寂。

14世纪初期，有两支成吉思汗后裔的势力，即东、西察合台汗国，活跃在中亚地区。东察合台占据了今中国新疆一带，西察合台占据了阿姆河及锡尔河之间的地区。在1370年，一个叫帖木儿的人崭露头角，率领自己的部队杀死西察合台苏丹，打败了各地军事割据势力，夺得西察合台的最高统治权，自称是成吉思汗继承者、察合台汗国君主，定都撒马尔罕（今乌兹别克斯坦撒马尔罕），建立了帖木儿帝国。

帖木儿是突厥化的蒙古贵族，出生在西察合台一个蒙古贵族家庭。因在一场战役中左腿伤残，人送绰号"跛子"。由于他迎娶了阿加公主为妻，中国史书都称他为驸马。帖木儿是一个有作为的统治者，短短30年间就建立起一个以中亚、西亚为中心的庞大帝国。

从洪武二十年（1387年）起，明朝开始与帖木儿帝国正式建立联系。朱元璋曾在1395年派出以兵科给事中傅安为首，包括御史姚臣、太监刘惟在内的，拥有1500余名成员的庞大使团出访帖木儿帝国。不料帖木儿心生变数，对其强行扣留。

在"靖难之役"期间，帖木儿南征北战，扩大疆域，先后侵入伊拉克、俄罗斯，三次大举进攻钦察汗国，并一度攻入印度，焚毁了德里，把西起幼发拉底河、东至锡尔河和印度德里、北达高加索、南抵波斯湾的广大地区，都置于他的武力统治之下。野心膨胀的帖木儿还要进攻明朝，恢复成吉思汗的事业。

1404年，由帖木儿亲率的百万大军于从撒马尔罕出发，时值隆冬季节，寒风刺骨，年逾70的帖木儿连日行军，疲劳至极，终于身染恶疾，抱病而亡。他的东征计划也因此而停止，在其之后的继承者与明朝重新修好，互相加派来往使节，两国关系逐渐趋于正常化，交往更为频繁。

但是，帖木儿帝国自沙哈鲁去世后，诸王子为争夺政权而发起战争，中亚地区陷入动乱之中。经过长期的战乱与整合，帖木儿帝国惨遭吞并，最终剩下同时兴起的萨菲王朝和昔班尼王朝两股强大政权，彼此攻击，战争一直延续到18世纪，严重地破坏了中西方的陆路交通。因此，明代与西域的陆路交通存在着比较大的局限性，但此时期，明代通过海上丝绸之路的对外联系却空前活跃起来，最典型的事件就是郑和下西洋。

1402年，明成祖在南京登上帝位。他即位之初就一反朱元璋的做法，变消极的海外政策为积极政策，进一步推行对外开放的睦邻友好政策，在经济上继续发展朝贡贸易。明成祖刚即位，就遣使赴东南海外国家建立外交关系，热忱向海外国家表示欢迎来华贸易。明成祖还恢复了市舶司制度。修建了浙江的安远驿、福建的来远驿和广东的怀远驿，专门接待来自海外各国的"贡使"。并增设交趾、云南市舶提举司，以满足西南各国贸易的需要。

但是，对于明成祖下令郑和七下西洋的航海动机，学界却是众说纷纭、莫衷一是。

　　有学者认为，明成祖派郑和下西洋，是为了寻找失踪的建文帝。也有学者认为，这是明成祖提高个人声望的需要。明成祖通过"靖难之役"夺取皇位，即位的合法性受到质疑，迫切需要提高自己的声望，证明其统治的合理性。还有学者认为，郑和下西洋的目的是为了同海外国家发展贸易，以增加国库收入。也许，明成祖派郑和下西洋，其动机本来就是多方面的。

　　在当时，先进的造船和航海技术，从物质技术层面，为郑和下西洋创造了条件。据史书记载，在郑和下西洋的船队中，共有五种类型的船舶。第一种类型叫"宝船"。郑和船队的宝船共有63艘，最大的长44丈4尺，宽18丈，是当时世界上最大的海船，折合现今长度为151.18米，宽61.6米。船有4层，船上9桅可挂12张帆，锚重有几千斤，要动用200人才能启航，一艘船可容纳上千人。第二种叫"马船"。马船长37丈，宽15丈。第三种叫"粮船"，长28丈，宽12丈。第四种叫"坐船"，长24丈，宽9丈4尺。第五种叫"战船"，长18丈，宽6丈8尺。船队约有大小船舶200余艘，是一支大型特混舰队，有的用于载货，有的用于运粮，有的用于作战，有的用于居住。分工细致，种类较多。郑和的船队是一支以宝船为主体，多种船只配合协作组成的规模宏大的远洋航队，这是当时世界上最大、最完备的船队。

　　在航海技术方面，郑和船队已经把航海天文定位与导航罗盘的应用结合起来，提高了测定船位和航向的精确度，人们称"牵星术"，这项技术代表了那个时代天文导航的世界先进水平；郑和下西洋的地文航海技术，是以海洋科学知识和航海图为依据，运用航海罗盘、计程仪、测深仪等航海仪器，按照海图、针路簿记载来保证船舶的航行路线。航行时确定航行的线路，叫做针路。罗盘的误差，不超过2.5度。

最能反映明代航海技术水平的，是保存在茅元仪《武备志》卷240中的《郑和航海图》。原图呈一字形长卷，海图中记载了530多个地名，其中外域地名有300个，远在东非海岸的地名就有16个。标出了城市、岛屿、航海标志、滩、礁、山脉和航路等，其中明确标明了南沙群岛（万生石塘屿）、西沙群岛（石塘）、中沙群岛（石星石塘），其所标注的方向误差一般不超过5度。《郑和航海图》是世界上现存最早的航海图集，为郑和航海提供精确的坐标位置，从而创造了郑和下西洋的伟大航程。

郑和（1371—1433年），本姓马，小字三保，出身于穆斯林世家，云南昆阳（今云南晋宁）人。洪武十五年（1382年），被平定云南的明军俘往南京，受阉做了宦官，后被分到燕王府，在燕王府服役。

郑和在燕王府期间，行事谨慎，办事周全，很快取得了燕王的信任，

郑和宝船复原图

被朱棣选在身边作为贴身侍卫。在长达四年的"靖难之役"中，郑和跟随燕王出生入死，表现非凡，屡立战功，成为朱棣夺取王位的得力助手。燕王登基后，赐姓"郑"并提升为内廷太监首领，而后又将带领船队出使西洋的重任交给他。

自此以后，郑和不再是一个普通的宦官，而是一个伟大的领袖，一个可以率领庞大船队七下西洋，穿越东南亚、印度洋，甚至远至红海和非洲东海岸的航海家，他的足迹遍及亚、非三十多个国家和地区，30 年间从未懈怠，直到将自己的生命耗尽，客死归途。

永乐三年（1405 年）六月，郑和带着浩浩荡荡的船队航行在浩淼的大海上。首次出航，顺风南下，到达爪哇岛上的麻喏八歇国。

当时，这个国家的东王、西王正在打内战。东王战败，其属地被西王的军队占领。郑和船队的人员上岸到集市上做生意，被占领军误认为是来援助东王的，被西王麻喏八歇王误杀了 170 人。郑和部下的军官纷纷请战，急于向麻喏八歇国进行宣战，给以报复。

"爪哇事件"发生后，西王十分惧怕，派使者谢罪，要赔偿 6 万两黄金以赎罪。郑和鉴于西王主动请罪受罚，于是禀明朝廷，化干戈为玉帛，和平处理这一事件。明王朝决定放弃对麻喏八歇国的赔偿要求，西王知道这件事后，十分感动，两国从此和睦相处，再没发生过战事。

这一次出行的终点是古里，位于今印度半岛的西南端。永乐三年，明成祖册封古里国王，郑和途经此地将诏书送到，为了纪念此事，郑和在古里立碑。象征着两国世代友好，交往密切，古里也成为郑和此后西行的中转站。

永乐五年九月十三日（1407 年 10 月 13 日），郑和回国后，立即进行第二次远航的准备工作。这一次出海，主要目的是送外国使节们回国。这次出访所到的国家有占城、渤尼（今文莱）、暹罗（今泰国）、真腊、爪哇、满剌加、锡兰、柯枝、古里等。于永乐七年（1409 年）回国。

郑和第三次出海是在永乐七年九月（1409 年 10 月），行程路线与前两次大致相同，也是在古里终止。这一次，郑和在满剌加建造了仓库，满剌加即今马来西亚的马六甲。郑和将下西洋所需的钱粮货物，都存放在这些仓库里，以备使用，这为郑和船队的出访、回航等起到了重要作用。

在这次出海中，还发生了一次军事摩擦。船队到达锡兰时，其国王亚烈苦奈儿想要劫掠船队的物资，被郑和及时发现，当即亲率军队绕过敌后，出其不意地攻城，一举擒获亚烈苦奈儿和其家属，并随船队押回北京。明成祖饶恕了他们，并将之释放回国。

郑和在东南亚和南亚的三次远航，已经为明朝政府换来了外交声誉，然而，明成祖并不甘心。于是，永乐十年十一月十五日（1412 年 12 月 18 日），朝廷派遣郑和进行规模更大的远航。郑和的第四次出海，首先到达占城，后率大船队驶往爪哇、旧港、满剌加、阿鲁、苏门答腊。从这里，郑和又派分船队到溜山（今马尔代夫群岛），大船队则从苏门答腊驶向锡兰。在锡兰，郑和再次派分船队到加异勒，而大船队驶向古里，再由古里继续向西北航行，到达了波斯湾口的忽鲁谟斯（今伊朗阿巴斯港），并向忽鲁谟斯王赠送了锦绮、彩帛等物。

郑和船队由此启航回国，途经溜山国，把溜山国作为横渡印度洋前往东非的中途停靠点。船队于永乐十三年七月八日（1415 年 8 月 12 日）回国。这些国家也分别遣使臣前来中国，献上各自稀奇罕见的动物。

郑和的第五次出海，始于永乐十四年十二月十日（1416 年 12 月 28 日），朝廷命郑和护送古里、爪哇、满剌加、占城、锡兰、木骨都束、溜山、不剌哇、阿丹、麻林等 19 国的使臣回国。郑和船队于 1417 年冬远航，先历经西洋诸国，而后通东南诸番。船队到达锡兰时，郑和派一支船队驶向溜山，然后由溜山西行到达非洲东海岸的木骨都束（今索马里摩加迪沙）、不剌哇（今索马里境内）、麻林（今肯尼亚马林迪）。大船队到古里后又分成两支，一支船队驶向阿拉伯半岛的祖法儿、阿丹和剌撒（今也门境内），一支船队直达忽鲁谟斯。永乐十七年七月十七日（1419 年 8 月 8 日）船队回国。

在这次访问中，西洋各国纷纷派使臣回访中国，并进献当地所产珍禽异兽。菲律宾的苏禄国王室携带厚礼来明朝贡，成祖热情款待，并授予诰命、印章等物。在他们归国途中，东王巴都葛叭答剌因病去世，明成祖听闻后深表痛惜，以王礼将他安葬，并亲自撰写碑文悼念，足见成祖对来访者的重视。

郑和的第六次出海，始于永乐十九年正月三十日（1421 年 3 月 3 日），明成祖命令郑和送十六国使臣回国。为赶东北季风，郑和率船队很快出发，到达国家及地区有占城、暹罗、忽鲁谟斯、阿丹、祖法儿、剌撒、不剌哇、木骨都束、竹步、麻林、古里、柯枝、加异勒、锡兰、溜山、南巫里、苏门答腊、阿鲁、满剌加、甘巴里、幔八萨。由于已有五次下西洋的航海实践，郑和一行已熟知航路，船队行驶很顺利。永乐二十年八月十八日（1422 年 9 月 3 日）郑和船队回国，随船来访的有暹罗、苏门答腊和阿丹等国使节。

明成祖去世后，明朝航海事业也走向低迷，关于航海的一切几乎无人问津。航海事业被搁置了，郑和也安分的在南京做官。直到宣德五年 (1430 年)，宣宗对于西洋各国疏于纳贡朝见感到不满意，这才又动起了派船队出海的念头，于是立即命郑和出使西洋。

宣德五年（1430 年），郑和第七次率船队西下，再次踏上艰苦的旅程。这次远航计划途经占城、爪哇的苏鲁马益、苏门答腊、古里、竹步，再向南到达非洲南端接近莫桑比克海峡，然后返航。但此时船队的规模已比从前小了许多。

当船队航行到古里附近时，郑和因劳累过度一病不起，于宣德八年（1433年）四月初在印度西海岸的古里逝世，死时仅 62 岁。他的家人为他举行了隆重的葬礼，遗体被官兵运回葬于南京牛首山下。其船队由正使太监王景弘率领返航，于宣德八年七月初六（1433 年 7 月 22 日）返回南京。

在郑和下西洋的广泛带动下，中国去南洋的人日益增多。在郑和下西洋之前，中国有的商人已到过南洋各地进行交易。从元朝以来，东南沿海的劳动人民也有很多泛海到南洋谋生的。在郑和下西洋之后，由于中国人民进一步增进了对海外各国的了解，去南洋的更加日益增多。到明朝后期，在爪哇的华侨达二三万人，在吕宋的华侨多至数万人。这些华侨带去了中国较为先进的农耕和开矿等技术，与南洋人民共同开发南洋各地，为南洋社会经济的发展做出了贡献。

郑和的航行是中国乃至世界航海史上的空前盛举，为人类航海科技的发展做出了贡献。15 世纪，西方出现了两大航海家，西班牙人哥伦布和葡萄牙人达·伽马。1492 年，哥伦布横渡大西洋，由 90 名水手分乘 3 艘轻帆船，最大的"圣玛丽亚"号载重只有 250 吨。相比之下，时间比郑和首航晚 87 年，人员仅为郑和船队的 1/300，其旗舰载重量也只相当于郑和指挥船的 1/28。而 1497 年绕道好望角到印度的达·伽马船队则只有 160 人，4 艘小帆船，主力旗舰长度不到 25 米，载重量仅 120 吨。显而易见，这些规模都与郑和的船队相差甚远。

但郑和下西洋并没有像达·伽马等西方航海家那样，通过地理大发现改变世界政治的格局，不断掠夺海外市场进行资本主义原始积累。郑和下西洋只是为了奉行明成祖的"宣德化而柔远人"的传统外交理念，中国人没有开拓海外殖民地的意识，也没有继续对外贸易的观念。统治者只想守住自己的疆域，安分守己地经营自己的国家，当自己所期待的政治目的在一定程度上得到满足时，他自然会停止浪费财力物力的远航活动。因而随着政治使命的完成和最高统治者的易人，郑和所开创的伟业就难以为继了，航海壮举只能是昙花一现。

郑和去世后，王景弘曾率船队短暂的去过苏门答腊等国，其规模只算得上是一般的官方出访。1435年，年轻的皇帝明宣宗去世，他是明朝最后一个热衷于航海的皇帝。这个本该驰骋海上称雄于世的时代却悄无声息地谢幕了，中国的海航事业自此走向终结，那些曾经的辉煌只能流连在人们的回忆中，所留下的只有那些受益无穷的影响。

明中后期中西方的几次冲突

公元 15 世纪是世界历史的转折点，郑和在世纪之初代表明政府远航西洋，在一片辉煌中戛然而止，结束了一个伟大的航海时代，东方国度坠入消沉的低谷。而此刻的西欧世界开始觉醒，正在酝酿一场即将改变世界的变革，一支支小船队，在世纪的末端，远跨重洋来到东方，在那里开始原始积累，构建自己新的社会文明。

从此以后，维持了近两千年的陆路交往模式被打破，中西方之间通过欧洲频繁往来的商队而进入新的交流时代，"中西关系"实质性地变为"中欧关系"。

16 世纪以后，西方对东方的殖民扩张像浪潮一样涌来，从登陆中国海岸的那天起，他们对中国广阔市场的觊觎之心就日渐膨胀，这些利欲熏心的商人急迫地想得到眼前的一切，然而中国人不会纵容他们的侵略行为，中西间的军事碰撞在所难免。

14—15 世纪，随着生产技术进步，商品经济的发展，在欧洲地中海沿岸的某些城市已经稀疏地出现了资本主义生产关系的萌芽。诸如，意大利北部的威尼斯、热那亚、佛罗伦萨，西欧法国的马赛、巴黎，德国的科伦，英国的伦敦，尼德兰的布鲁日等地，资本主义的手工工场日渐蓬勃发展，欧洲资本主义时代的曙光已经出现。新生产关系的发展，促进原有自然经济的逐步解体，作为普遍交换手段的货币，不仅是社会财富的主要象征，而且也日益成为衡量社会地位和权力的重要标志。因此社会各阶层人士无不醉心于搜寻黄金和财富，视之为改变命运的关键所在。

然而西欧贵金属产量本来就不高，15 世纪改行金本位制后，黄金成为国内外贸易的唯一支付手段，需求量急剧增加，西欧市场货币普遍短缺。

在中世纪的欧洲人眼中，"东方"是个神奇、富饶、令人神往的地方。因为，恰在此时，一部夸张性渲染东方的著作——《马可·波罗游记》，在欧洲广为流传，书中详细描绘了东方富庶繁荣、遍地黄金的昌盛情景，对欧洲人产生了极大的吸引力。

可悲的是，15 世纪土耳其的扩张，把地中海通往亚洲的商路堵塞；金帐汗国的崩溃，又使从黑海北岸横穿亚洲大陆直达中国的商路受到影响；阿拉伯人的垄断又把经过埃及和红海或经过两河流域到达波斯湾的商路截断。三条通往东方的道路都被切断，正常的商业秩序也被破坏殆尽，商旅裹足不前。

欧洲上层社会一贯视东方奢侈品为生活必需品，不惜高价大批采购，由此导致贸易严重入超，贵金属大量外流，财政不堪负担。加上西欧商人和消费者早就对居间盘剥的意大利和阿拉伯商人怨恨不满，各国遂纷纷采取行动，争取寻找一条绕过地中海直达东方的新航路。

最早支持新航路开辟的国家是葡萄牙和西班牙，结果哥伦布为西班牙找到了通往美洲的新航路，而达·伽马则为葡萄牙找到了直达东方的新航路。于是，西班牙和葡萄牙也就最早走上了殖民扩张的道路，率先瓜分东西两个半球。

早在 1415 年，葡萄牙舰队就已渡过直布罗陀海峡，从阿拉伯人手中夺取海港城市休达，作为其南下非洲沿岸航行的起点。此后，葡萄牙王室更是积极推动海上探航活动，1482年，船队抵达刚果沿岸。1488年，葡萄牙航海家迪亚士沿非洲西海岸继续南行，在罗德立茨湾附近被风暴吹离航线，在海上漂泊十几天。当他再次靠岸时，他们已经绕过了非洲大陆最南端。因为风暴，迪亚士命名此处海角为"好望角"。迪亚士的成功为日后顺利通往印度洋打下基础，为远航东方做好了重要准备。

1497年，葡萄牙人达·伽马率领一支包括四艘船、一百余名水手组成的远航队，经由非洲好望角，于1498年5月到达印度西南有名的港口古里。达·伽马一行上岸后，立即就被这个充满异国情调、繁华富庶的城市惊得目瞪口呆。他们以最低的价格，贪婪地购买了丁香、胡椒、肉桂等香料以及红、绿宝石等大量货物，并在码头上树立了一根石柱，作为来访的纪念。达·伽马的船队于1499年9月满载归国，这次远航，不仅开辟了去东方的新航路，而且所获利润是航行费用的60倍，这使葡萄牙人欣喜若狂。

自此以后，葡萄牙人就想垄断对东方的海上贸易，经常和当时控制东西海上贸易的阿拉伯人发生冲突。在1511年时，葡萄牙人攻陷满刺加，控制了整个南洋的香料贸易中心，开始在东方进行殖民扩张。

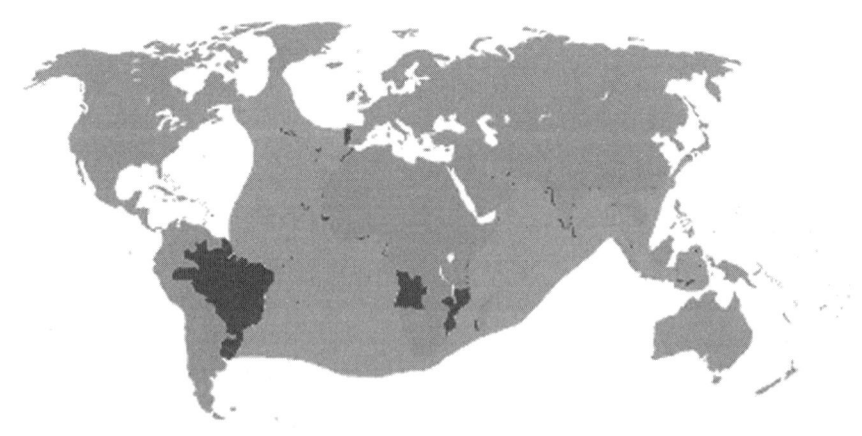

葡萄牙海外殖民地

在葡萄牙人到达印度洋之前，西班牙人已经在积极寻找一条通往东方的航路。1492 年 8 月 3 日，在西班牙王室的支持下，意大利人哥伦布率领船队从西班牙一直向西航行，来到了一个岛屿。哥伦布以为到了印度，就把当地居民称为印第安人。哥伦布又继续向南航行，到达了附近的古巴和海地，发现了许多岛屿。1493 年 3 月 15 日，哥伦布回到西班牙，向欧洲人宣布他已经找到了通往印度的航路。

此后，哥伦布又到达美洲。哥伦布至死都认为他所到的地方是印度。后来一个叫亚美利加的意大利冒险家证实了哥伦布发现的并不是印度，而是欧洲人过去不知道的一个新大陆。后来，人们就把那里称为亚美利加洲，即美洲。

西班牙自 1492 年哥伦布发现美洲大陆之后，又支持麦哲伦于 1519 年至 1522 年完成了人类历史上第一次环球航行。这次航行探明了欧洲向西航行抵达亚洲的路线，促成了日后西班牙在美洲和亚洲进行双向殖民扩张的局面。1571 年西班牙派兵侵占吕宋岛，建立了马尼拉城，作为西班牙在菲律宾的统治中心，也为对华贸易的展开搭好了平台。

紧跟葡萄牙、西班牙人到东方的是荷兰人，它在亚洲的殖民活动主要是通过垄断贸易公司进行。1602 年，荷兰国会批准成立联合东印度公司，颁发特许令，授予公司以好望角和麦哲伦海峡之间地区的贸易垄断权，期限暂定 21 年。

当西方国家都在拼命进行资本主义扩张，强占殖民地时，中国还处在传统的明王朝统治下，商品经济也有所发展，商业资本比较活跃，在某些手工业领域甚至出现了资本主义萌芽。尤其在苏杭的丝织业中，已经有了资本主义企业化经营和资本市场。

明中后期的对外政策也有所调整，张弛有度，主要是根据局势变化而收缩开放。隆庆时期，曾实行有限度的开放，指定漳州月湾为合法的出海港口，可以进行贸易往来。崇祯时期的海禁也是依据倭患的轻重而时松时紧，这些都有利于海外贸易的正常发展。但在入清以后，前有明末残余势力的抗拒，后有三藩叛乱，尤其东南海上郑成功的势力更为活跃。因此，清初的海外政策出现重大逆转，采取"坚壁清海"的迁海政策，将山东至广东沿海居民一律迁入内地，设立边界，布置防守，严格控制沿海居民出海远洋，使海上与大陆的关系几乎完全断绝，以防沿海人民与抗清力量联合起来反抗清王朝的统治。

直到康熙二十二年（1683年），清政府终于解决了内忧外患，才开放海禁，设立海关，允许中外商民自由通商。但清政府仍未从体制上撤销海禁，对海外贸易依旧进行打压，遏制其发展，中西通商并未得到真正自由。

16世纪初，随着通往印度洋的航线的开辟，西方殖民者相继东来，开始在东方建立殖民据点。葡萄牙成为第一个同中国建立直接关系的西欧国家。近代的中西关系，也是由葡萄牙人首先拉开了帷幕。

达·伽马返回葡萄牙后，曾将一些中国瓷器作为礼物送给王室，这引起王室对中国的关注。1513年，葡萄牙驻印度总督阿丰索·德·阿尔布克尔克派其部下乔治·阿尔瓦利斯率船自马六甲前往中国，6月时他抵达珠江口屯门岛，当地官员禁止他上岸，只准他就船贸易。阿尔瓦利斯做成利润丰厚的生意后，满载中国货于1514年回到马六甲。为了纪念他首次登上中国领土，临走前他偷偷地在岛上立了一块刻有葡萄牙国徽标志的石柱，企图以此作为殖民地的标志。七年以后，他死在屯门，遗体就埋在这块石碑下面。

1517年6月，费尔南·佩雷斯·德·安德拉德受葡印总督之命，率领八艘船再次向中国航行。他的船队于8月15日抵达葡萄牙人称之为"贸易岛"

的屯门岛。此次航行不仅规模大,而且有葡王的使臣皮来资随行。费尔南·佩雷斯先后向中国舰队司令和驻守沿海的海防部队司令备倭都指挥提出申请。但是,未等广州当局的批示下来,费尔南·佩雷斯便擅自率领几艘船驶入珠江,于9月底到达广州城下。

在等候朝廷批准之前,葡萄牙人获准上岸居住,皮来资及其随行人员被安置在市舶提举顾应祥的寓所,费尔南·佩雷斯还获准利用岸边的一所房子出售他所带来的一部分货物。皮来资使团在广州居住的一段日子里,为了争取进京的机会,曾展开一系列阴谋活动。他们不但贿赂了吴廷举等地方大吏,还贿赂了当时最有权势的宦官江彬。几经周折,皮来资最终被获准进京面圣。

1520年1月23日,皮来资一行自广州出发,5月到达南京,次年1月,使团随武宗进京。入京以后,依仗江彬的庇护,他们有些得意忘形,居然敢蔑视朝中大臣,这引起一些朝廷官员的不满。恰在此时,马六甲流亡国外的王子来到北京,向皇帝控诉葡萄牙人对他们的种种欺凌,揭露葡萄牙人冒充使节的骗局,并请求帮助他收复失地。1521年3月,武宗驾崩,江彬倒台,皮来资失去了在宫廷的保护人。明世宗即位伊始,皮来资的使团就被赶出北京,投进了广州监狱。葡萄牙的首次赴华使团就这样遭到了失败。

与此同时,费尔南·佩雷斯的弟弟西芒·安德拉德率领船队于1519年8月来到屯门,无视中国法律和习俗,在屯门擅自修建要塞,架起火炮,还下令在屯门附近的一个小岛上竖起绞刑架,将一名水手吊死在那里。西芒的种种暴行,引起了当地官员和人民的痛恨,破坏了费尔南·佩雷斯建立起来的友好关系,中葡关系开始发生逆转。

1521年,葡萄牙人盘踞屯门已达四年之久,他们在此集结军舰,加固工事,修筑炮台、城壕等防御设施,并经常骚扰附近的沿海城市,犯下许多海盗暴行。葡萄牙殖民者的侵略行径惹怒了明政府，明政府遂命令广东驻军将其驱逐出境。经过 40 多天的屯门激战，葡军伤亡惨重，每条军舰只剩下八名士兵，已经没有战斗能力。葡萄牙人率仅剩的三艘船舰趁夜逃离屯门，返回马六甲。

明政府驱逐葡萄牙人后，遂宣布广东重新实行海禁，不准各国商船前来贸易。1547 年，明政府任命朱纨为浙江巡抚兼督浙江和福建的海防军务，肃清殖民势力，厉行海禁。朱纨到任之后，立即加强海防军事力量，集中兵力对付葡萄牙殖民者。1548 年 5 月，朱纨率军对驻守双屿港的葡萄牙人发起进攻，大获全胜，连同他们的房屋和大小船只一并放火烧掉。但在朱纨去世后，朝廷没再设巡视大臣，海防又进入松弛状态，走私贸易再度活跃起来，这就给了葡萄牙海盗商卷土重来的机会。

浪白澳位于澳门西南，孤处海中，16 世纪初成为东南亚各国商人过往住歇的泊口。1542 年，有几名葡萄牙人驾船来此地贸易，自从在闽浙地区被驱逐后，来此贸易的葡萄牙人逐渐增多。1553 年，葡商通过向海道副使汪柏行贿，托言货船遇到大风浪，打湿了货物，请求在澳门晾晒。允许泊船停留后，葡萄牙人便打算长久居留下去。他们在澳门修筑房屋，扩充居地，建造炮台，并设官治理。

明政府认为，葡人在澳门便于侦察，如果把他们驱逐到外洋，他们心怀异志，可能危害更大。留在澳门还可以以夷制夷，利用他们对付倭寇势力。于是，朝廷派遣海道副使俞安性与葡人约法五事：禁止交接倭寇、禁止买卖人口、禁止兵船编饷、禁止接买私货、禁止擅自兴作，以此来监控葡萄牙人的各种行为。

直到明代末期，明政府也没给葡萄牙完全自治的权利。葡人在澳门居住，每年需向中国交纳地租两万两银子。另外，葡萄牙人的船只到澳门，需向

西班牙海外殖民帝国

中国地方官府交纳船税，船税数额以货物多少来定。至于司法大权，更是掌握在中国手中。

继葡萄牙之后来到中国的西方国家是西班牙，在其征服菲律宾群岛以后，即打算利用菲律宾为基地来征服中国。在1574年，中国海盗头目林凤，率战船62艘、水手士兵4000人抵达马尼拉，与西班牙人展开了两次激战。当福建把总王望高率船队到达吕宋，侦探林凤下落时，驻守马尼拉的西班牙总督拉维扎列斯趁机和王望高会面，两人达成协议：西班牙人帮中国官方抓获或杀死林凤；王望高则答应从马尼拉带儿名西班牙使者回福建。

1575年，王望高带着西班牙使者返回厦门，使团先后拜访了泉州和福州官府，借吕宋的名义，谋求与中国通商。使团每到一地，都拜访地方官员，并遵照中国的礼制行跪叩礼。明朝政府认为他们协助平定林凤有功，对他们的态度自然比葡萄牙要好得多。但对于通商、传教的要求也一概予以拒绝，西班牙使团于一个月后离开了福州。

1598年9月5日，菲律宾总督派萨摩第率舰队行至广东，要求通商，并在虎跳门修房建屋，妄图长期占据。广东海道副使章邦翰率明军赶到，将其所建房屋焚毁，把他们驱逐出境。1626年，西班牙人又借口保护菲律宾和日本之间的贸易通道，武装船队进入台湾北部，并陆续占领了基隆、淡水。他们在这里修筑房屋，建造城堡，奴役当地居民长达16年之久。台湾一度成为西班牙与中国开展贸易的重要场所。这引起了比他们早进入台湾的荷兰人极大的不满，双方之间发生了几次抢夺台湾的战争。1642年荷兰人把西班牙人赶出台湾，夺占了基隆和淡水，西班牙人想在中国沿海占领据点的愿望一次次落空了。

荷兰人于1601年第一次来到中国，试图打开对华贸易的大门，与中国直接建立贸易联系，但没有达到目的。荷兰人想在中国建立商业据点的愿望屡遭失败。荷兰东印度公司总督燕·彼得逊·昆派莱尔森主张用武力解决对华贸易问题，强占一块商业点。因此，他率领8艘船、1000多人，于1622年4月10日出发，远征中国。他先攻澳门，后攻澎湖、漳州，但均遭到明朝军队的痛击，荷军伤亡惨重。

荷兰人于1624年被中国军队驱逐出澎湖后，转而侵占了台湾西南沿海一带，并在一鲲身建立台湾城，荷兰人称它为热兰遮城。此时明朝的内忧外患已经相当严重，根本无力顾及台湾，只好听之任之。

"黄金时代"的荷兰殖民帝国

1661 年，郑成功为建立一个有效的抗清根据地，率师 2.5 万人横渡台湾海峡，将台湾一举收复，结束了荷兰盘踞台湾长达 38 年的历史。荷兰失去台湾，不仅丧失了一个每年可获巨额金银及蔗糖等原料的产地，更让其与东方，特别是中国和日本的贸易陷入困境。终明之世，荷兰人都没能从明朝政府手中获得在中国的贸易特权。

以上各国在中国经历的种种证明，他们意欲征服中国是一件不可能的事。欧洲在中国的扩张不过是在边缘地带建立了贸易据点，而且都是在中国政府慷慨允许下建成的。在鸦片战争之前，他们没有能力去实现自己的理想，尽管贼心不死地发起一次次军事进攻，但都被中国轻而易举地击破。

西方没能打开中国的贸易大门，中国同样也失去了了解外部世界的机会。这导致中西双方都为此付出了惨重的代价：中国在经历了清朝所谓"康乾盛世"的短暂繁荣之后，迅速走向了衰落；葡萄牙、西班牙虽有大批金银财富流入国内，却未曾投用在能让国家富强起来的工商业发展上，为日后帝国的衰落埋下祸根；荷兰"海上马车夫"的霸主地位，也在 18 世纪轻易地被英国人所取代，沦为二流国家。

中西方一体化的进程在交流与碰撞中前进，直到有一天欧洲的坚船利炮叩响沉睡在"天朝上国"梦境的中国时，两个不同的文明区域终于连成一体，形成了真正意义上的全球化世界。

明清之际基督教在华传播

16、17 世纪，随着东方新航路的开辟，妄想吞噬中国的西方殖民者相继东来，他们经过数十年的武力尝试后，葡萄牙被明军困守在澳门，西班牙远撤至菲律宾，荷兰被永远地赶出台湾，距离他们征服大陆的梦想越来越远。与之相反，同一时期来华的传教士们不仅成功地进入中国，而且已经进入中国的心脏。

此时的耶稣会士在北京及其他城市已有 20 多个传教点、20 多万信徒。这场精神战争貌似要比武力侵略更容易些，但事实上，从初登广东到进京宣讲这漫长的 100 多年传教过程中，传教士们所历经的磨难和艰辛，只有他们自己清楚。

传教士们深刻地影响了中国人对基督教的观念，同时也让欧洲人更真实地了解中国，是此时中西方交往的真正媒介。

基督教较大规模地传入中国，在历史上共有三次：第一次是在唐代，被称为景教；第二次是在元代，被称为也里可温教，第三次是在明代中叶。前两次虽曾盛极一时，但未能在中国站稳脚跟，不久便销声匿迹了。而明代中叶，即 16 世纪初开始的天主教向中国的传播，与当时欧洲内部新旧基督教派的争斗存在直接关系。

当欧洲国家争相开辟新航路、对外殖民扩张时，欧洲教会内部的宗教改革运动也进行得如火如荼。声势浩大的宗教改革运动，于 16 世纪首先兴起于德国，其领导人主要是德国的马丁·路德（1483—1546 年）和法国的约翰·卡尔文（1509—1564 年）。德国的北部、中部以及挪威、丹麦、瑞典等北欧国家相继改奉"路德教"，而英国、法国及德国的西部和南部则受卡尔文派的影响。这样，差不多半个欧洲摆脱了罗马教皇的控制。面对统治地盘的缩小，天主教并没有因此而衰落，罗马教廷竭力反扑，进行所谓"反宗教改革运动"。他们一方面在教会内部进行整顿，以图遏制神职人员的腐败现象；另一方面拼命对抗宗教改革运动，维护教皇权威，挽回教会在地域上的损失。

耶稣会充当了这个反宗教改革运动的急先锋。它是在公元 1534 年于巴黎创立的，其创始人依纳爵·罗耀拉（约 1491—1556 年）出身于西班牙的一个不太富裕的贵族家庭，曾在军队中服役。1521 年在法军进攻西班牙庞柏洛纳城时，他负伤伤了跛子，在军界发展不大，就转向宗教，加入了多明我会，做了修道士。1523 年，罗耀拉只身去耶路撒冷布道，充分体现出其对宗教的狂热。1528 年，他去巴黎学习神学，那时，巴黎的新旧教徒在教义问题上争论不休，罗耀拉认识到原来天主教旧的修会无法重振罗马教廷，就决心成立新的宗教团体，以对抗宗教改革运动。1534 年，他邀集了六位志同道合的人，其中包括日后到东方传教的方济各·沙勿略，仿效军队的组织形式和纪律要求，建立了耶稣会。1540 年，耶稣会得到罗马教皇保罗三世的正式批准。

随着地理大发现，西欧同东方以及美洲航海路线的开辟，为数众多的耶稣会士纷纷到印度、中国和美洲等地传教。耶稣会士来华始于 1552 年。在屡次遭到中国的驱逐后，葡萄牙国王于 1540 年请求罗马教皇派传教士到中国活动。1541 年 4 月，教皇保罗三世派遣耶稣会士方济各·沙勿略东行，到东方传播福音的使命落在了沙勿略的肩上。

方济各·沙勿略，1506 年 4 月 7 日生于西班牙，1525 年 9 月在巴黎大学读书时结识了耶稣会创始人罗耀拉，1540 年成为耶稣会首批会士之一。

1541 年，沙勿略从里斯本出发，第二年 5 月到达果阿。几年之后，他又来到马六甲。在这里，沙勿略认识了一个名叫安吉禄的日本逃犯，从他口中了解到日本的一些情况，并随后同他一起到日本传教。沙勿略在日本期间，来往于鹿儿岛、平户、山口及丰后各地，历时 27 个月。

当时明朝仍在实行严厉的海禁政策，不准中国人出海贸易，更不准外国人进入中国本土。此时的葡萄牙官员和商人们对沙勿略的传教计划也并不热心。1551 年底，沙勿略恳求一条商船把他带到了上川岛。此后一年，他几乎都在做一件事，就是设法从这个小岛进入广州。但是天主没有给他留下足够的时间，1552 年 12 月 3 日沙勿略病死，年仅 46 岁。他的传教热情感动了天主教徒，被后人尊为"远东开教元勋"。

自从沙勿略 1552 年踏上上川岛之后，在将近 30 年里，中国沿海贸易港口一次又一次出现天主教传教士的身影，但是他们试图进入内地的计划却都没有实现。

1578 年，耶稣会远东视察员范礼安来澳门视察工作，他依据中国的具体情况制定了新的传教政策，坚持耶稣会士应以学习当地语言为首要任务。范礼安与沙勿略同样相信，传教区的未来在日本和中国而非印度，为此极为关注远东的文化，视学习语言为赢得日本和中国精英分子的最佳方式，提倡在日本和中国培养本地神职人员，率先在日本推行"适应"政策，并在居住澳门之时考虑通过让基督徒适应中国以渗透中国。罗明坚和利玛窦就是遵照了范礼安的指示，在澳门时就开始努力学习中文，并以此为契机终于进入中国本土。

罗明坚是范礼安新策略的尝试者。他于 1579 年 7 月，从印度到达澳门。他学习汉语，取中国姓名，并作佛教僧侣打扮，还编著了第一本介绍天主教教义的中文著作，称为《天主实录》。

明末在中国传教取得最大成就的要数利玛窦。

1552 年，利玛窦出生于意大利中部，正是壮志未酬的沙勿略在中国上川岛长眠的那一年。多年以后，利玛窦替沙勿略完成了他未竟的事业。利玛窦天资聪颖，在早年教育中练就了过目不忘的学习本领，9 岁时进入耶稣会，在马柴拉塔创办的学校成为颇受器重的优等生。16 岁，他的父亲把他送到罗马进大学攻读法律，希望他能踏上仕宦之途，而年轻的利玛窦却被罗马神秘的宗教生活气息所感染，传闻中的沙勿略的圣徒事迹更唤起了他对传教士探险传教生活的向往，于是，利玛窦违背了他父亲的本意，进入耶稣会的罗马学院，开始了其耶稣会士的生活。

1577 年，罗马耶稣会总长决定选拔一批传教士送往远东。25 岁的利玛窦幸运地被选中，于 1578 年随同罗明坚等人从里斯本出发，半年后到达印度的果阿，利玛窦在果阿修道院又继续进修神学。1582 年才抵达中国澳门，刚到澳门就马上学习中文，以便向中国人清晰地传播基督教。

1583 年，利玛窦随罗明坚前往广东肇庆，协助罗明坚开展传教活动。一到肇庆，两人就按照中国的规矩，先拜见了知府王泮。在王泮的协助下，他们获准在肇庆西门外的崇宁塔建造一栋欧式建筑，王泮还亲自提名为仙花寺。为了吸引更多的民众，利玛窦等人将带来的西洋镜、自鸣钟、日晷、威尼斯出产的三棱镜、意大利的花边织物，以及油画圣母像等公开在仙花寺展出。

利玛窦为更好地接近中国民众，也像罗明坚一样，在饮食起居等方面尽量做到中国化。他削发僧服，自称"西僧"，但依然无法改变高鼻、碧眼的形象，当地老百姓接受不了他们，说他们是洋鬼子，仙花寺冲了古塔的风水。最终，利玛窦被当地百姓赶出了肇庆。

1589 年，利玛窦迁居到了韶州，在光孝寺前建立了一座中国式教堂，这也是中国内地的第二座天主教堂。在这里，利玛窦结识了一位名叫瞿太素的中国士大夫，他是江苏常熟人，父亲曾官居礼部尚书。瞿太素天资聪颖，文章写得很好，他十分钦佩利玛窦的学识，特意拜他为师，学习西方的科学知识。瞿太素告诉利玛窦，中国士大夫向来轻视和尚，建议他放弃僧服，改着儒装。利玛窦从自身与中国人的交往中也体验到文人在中国的地位远高于僧人，在中国占统治地位的思想并不是佛教、道教，而是儒学。要想让天主教遍布中国，必须要最大限度地使信徒成为士大夫阶层和广大知识分子。从此，利玛窦放弃了袈裟，留发留须，改穿儒服，他不再当洋和尚，而是称自己为"西儒"。

韶州传教虽有进展，但利玛窦知道要在中国站稳脚跟，实现使中国民众都皈依天主教的目的，必须谋求中国最高统治者——皇帝对天主教传教的认可。于是，他开始千方百计地设法进入北京。

从 1595 年到 1560 年，利玛窦一直在寻找进京的机会。1598 年，新授南京礼部尚书的王弘海到北京觐见，邀利玛窦同往。然而，利玛窦在北京留居两个月，始终没有机会见万历皇帝，只得返回南京。南京作为明朝的留都十分繁华，有大批文人学士汇集此处。利玛窦通过讲解自然科学知识，结识了不少学者，不但提高了自己的声望和地位，也为在士大夫阶层中传播天主教开辟了道路。

1599 年 6 月，利玛窦决定采取进贡的方式进入北京。他派郭居静、钟鸣仁回澳门购置西洋物品，为赴京朝贡做准备。次年 5 月 8 日，他们从南京启程，同行的有西班牙神甫庞迪我及修士钟鸣仁、游文辉。几经周折，一行人终于在 1601 年 1 月 24 日进入北京。三天后，在太监的安排下，利玛窦呈上"贡献土物表"，其中有贡礼天主图像一幅，天主母图像二幅，《天主经》一本，珍珠镶嵌十字架一座，报时自鸣钟二架，《万国图志》一册，西琴一张等物。为了博取皇帝的好感，利玛窦只字未提传教的目的，他只是表达自己对中华文化的仰慕，愿以自己天文历算的特长为中国效力。

在利玛窦呈送的礼品中，万历皇帝对西洋音乐颇感兴趣，命内廷人员向利玛窦及庞迪我学习欧洲的音阶乐理。利玛窦应内廷人员的请求，特意作了八首中文歌词，题为《西琴曲意八章》，每一章所谈内容都是西方的人生道理，其中开篇就宣传上帝创造世界的论调。在京的这段日子里，利玛窦虽然时常进宫，却没有机会亲身觐见万历皇帝。因为万历在位的最后 16 年中除了见太监嫔妃外，其他人都不见，利玛窦自然也不例外。

利玛窦一行到达北京后，先是住在接待外国使节的四夷馆，摆脱了宦官的纠缠，然后又被允许到北京城里居住。礼部除按规定如期供给米、肉、盐、蔬菜和薪柴外，还遣一名差役供其使用。虽然没有得到明朝政府

北京宣武门南堂

的正式批准，但太监从宫中得知，皇帝已经允许他们在北京长期居住，不用再回南方，利玛窦等人非常高兴，他们终于在北京有立足之地了。

1605 年，利玛窦在宣武门买了一座有 40 个房间的大宅院，他把宅院改成一座漂亮的小教堂，作为北京会院。在北京安顿下来后，利玛窦又开始在上层官员中开展活动。他广泛结交官宦学子，通过介绍科学知识，进行天主教的传播。礼部尚书徐光启和太仆卿李之藻不仅向利玛窦学习西方科学技术知识，协助他翻译西方科学著述，而且成为虔诚的天主教徒。利玛窦在北京的信徒很快就超过了 200 名，他的传教事业取得了初步的成功。

随着时间的流逝，利玛窦越来越感觉力不从心，他回顾在中国 20 多年的传教历程，从广东到北京的曲折传教路上，他付出了艰辛的努力，才换取了如今建立的四个传教点，近 2000 名信徒的成绩。但新教徒七零八落，三心二意，传教点岌岌可危，朝不保夕，甚至朝廷随时有可能将他们从辛苦建立的传教点上驱逐出去。1610 年，带着几分担忧和疲倦，利玛窦在北京辞世，临死前，他对神父熊三拔说："中国的大门虽已打开，但我们还在门口，以后还有更艰巨的工作，更多的危险。"

闻知利玛窦的死讯，万历皇帝特降谕旨："以陪臣礼葬阜成门外二里沟嘉兴观之右"。1611 年，利玛窦遗体被安葬于此。5 月 3 日，继任耶稣会传教区区长的龙华民到了北京，11 月举行了正式葬礼，皇帝也派大员前来致祭。

利玛窦逝世后，意大利人龙华民接任中国宗教事务。龙华民厌恶利玛窦那种尊重中国文化的传教方式，反对把教义中国化，这就激化了中西文化人之间固有的矛盾，终于导致了"南京教案"的发生。

1616 年 5 月，南京礼部侍郎沈榷在信佛的儒家学者黄贞等人的支持下，发起了反教会运动。沈榷前后共三次向万历皇帝上《参远夷疏》，强烈主张严禁天主教在中国传播。沈㴶的上疏得到了礼部侍郎徐如珂等官员的响应，一时间反对天主教的声浪四起。但万历皇帝并未予以重视。沈㴶又设法交结礼部尚书东阁大学士方从哲，并在方从哲和魏忠贤的支持下，于当年8月私自逮捕了传教士王丰肃、谢务禄、钟鸣礼等30余人。

最终万历皇帝批准驱教，大批传教士被勒令回返澳门，逐出内地。但在徐光启、李之藻等明朝官员的保护下，并没有彻底清除天主教，不少传教士仍滞留在内地。

万历末天启初，由于明朝军队在东北与努尔哈赤作战缺少有效武器，朝臣们又想起了耶稣会士。徐光启、李之藻趁势上疏请求召回天主教传教士，并购置西洋大炮运送前线。1626年，明将袁崇焕运用从澳门购来的西洋大炮作战，取得了意想不到的大胜。天启帝因而谕令两广总督招募澳门教士来京听候调用。

明代后期的历法多年未修，错误极多，万历末年就有人奏请聘用西方传教士修历，到崇祯初年，原先反对聘用西人的礼部也改变了态度，都主张修改已经使用了多年的旧历法，并令徐光启总督其事。徐光启聘请耶稣会士龙华民、邓玉函、罗雅谷、汤若望等，用西法修改中国旧历，制定了新的历法《崇祯历法》，传教士的声势自然复振，明末时期的天主教再度兴起。

天主教在明末的复兴引发了一些闽浙士大夫对西方宗教的第二波攻击，这之中以黄贞最为出名。1637年，黄贞将他搜集到的闽浙士人拒斥西学的重要文书汇编成《破邪集》，树立起一面反西教、反西学的大旗。但也未能彻底清除天主教在省内的势力。随着风潮的渐趋缓和，传教士们不仅又潜回福建，而且通过疏通福建官府，使天主教被没收的财产得以部分发还，传教活动也稍微有所恢复。

汤若望（1529—1666 年）

　　1644 年明亡清兴，在一片烧焦的瓦砾中，清廷杀进了北京城。大批的满洲、蒙古的八旗勇士们潮水般地涌了进来。执政的睿亲王多尔衮下令，让城里的汉人一律搬到外城。这时，有一位教士上书给多尔衮，他介绍了自己传教和修道的工作经历，表明愿意为新朝服务的意愿，请求给予特殊的关照。这个教士就是继利玛窦之后在华传教士中最负盛名的汤若望。

　　汤若望，德国科隆人，年轻时曾在罗马学习过宗教知识，1619 年 7 月到达中国的澳门传教，1623 年进入北京。1644 年明清两朝交替之际，他正在北京帮助修改历法与铸造大炮。清军入城后为笼络人心，接受了汤若望的投降，并允许他继续安居天主堂。随后，他奉召入朝，清朝摄政王多尔衮询问他修历与造器观测等事，他乘机向多尔衮进言，表示愿意帮助新朝制造"测量日月星辰"。正需要改正朔的多尔衮听完后特别开心，任命他为钦天监监正。

由于汤若望帮助清朝完成了新历《时宪历》，并多次成功地预报了日蚀月蚀，得到了多尔衮和顺治皇帝的青睐。顺治帝尤其看重汤若望，他亲政时只有 13 岁，以"玛法"（满语尊师之称）称呼汤若望，并常常亲临他的住处请教天文、物理及数学等问题。在顺治帝的偏爱下，汤若望的声望日益提高。他先后被授予通议大夫、通玄教师、通政使、光禄大夫等头衔，祖宗三代也被授予一品封典。

正当汤若望在清廷名声日隆的时候，顺治帝突然去世。8 岁的康熙皇帝登基，大权操在辅政大臣鳌拜手中。对汤若望不满的守旧士大夫和回回历法家发起了对汤若望和整个天主教的围攻，制造了钦天监教案。

1657 年，被革职的吴明恒上书反对汤若望，结果没有成功。接着，大学士杨光先于 1660 年向礼部呈递《正国体呈》，大力斥责天主教的无稽，并以《时宪历》封面印有"依西洋新法"字样，从而控告汤氏"窃正朔之权于西洋"。1664 年他又向礼部控告汤若望等人，说汤氏"只进二百年历"，目的是要使"历祚无疆"的大清帝国短命，等等。1664 年 9 月 26 日，清廷开始对汤若望等耶稣会士审讯。参加公审者有吏、礼部的几十名大员。最后将汤若望等人判决死刑。孝庄皇太后以鳌拜等违背顺治帝对汤氏的宠信，将呈文摔至地上，才保住了汤氏的性命。但西方传教士因此而受到沉重打击，清廷不仅将全国各地的耶稣会士全部集中到广州关押，又在 1669 年正式发布命令，禁止中国居民信奉天主教。

年轻的康熙在未亲政时，即听闻鳌拜等处理教案的不公，因而在亲政后，首先重新处理。1668 年 11 月 23 日，康熙帝决定让实践来充当裁判，召集杨光先、吴明恒、南怀仁等一起讨论天文历法，让他们各自到观象台，"预推正午日影之处"。经过连续三天的实地测验，南怀仁推测无误，而杨光先、吴明恒却屡出差误。康熙帝又命南怀仁审查吴明恒所造七政历和民历，结果指出了吴明恒推算的种种错误。经过多次的实验和调查，证明汤若望、南怀仁所制历法先进，精确度高。因此康熙毅然决定重新用《时宪历》，并罢免杨光先，恢复汤若望"通玄教师"称号，南怀仁被任命为钦天监监正。

为了使天主教能在中国立足，利玛窦等来华时表示，尊重中国的礼仪风俗，尊重中国本土的儒家学说，因而在华传教中采取了许多融儒方式，以使天主教和儒教两者调和起来，利玛窦并不反对中国教徒祭孔祭祖。但对于此，天主教会内部却是反对声一片。

1610 年，利玛窦去世，意大利人龙华民接任教会中职务，成为引发"礼仪之争"的第一人。他接任中国耶稣会总会长后，主张废除"天"、"上帝"、"天主"、"灵魂"等词，一律采用译音。为避免纷争闹大，耶稣会决定焚毁 50 多篇反对利玛窦的作品，统一该会立场，这次纠纷亦只成为会内事务。直至多明我会介入，礼仪之争才正式升级。

多明我会在华传教事业，起步较耶稣会略迟。当耶稣会教士在中国朝廷及士大夫阶层享有声望时，1631 年 1 月，多明我会的高奇神甫才从菲律宾抵达中国福建北部的福安，正式开始对华传教，接任的黎玉范神甫向教廷报告，指责耶稣会宽容中国信徒祭祖、尊孔，终引起罗马教廷介入。

1645 年，教皇英诺森十世发布命令，宣布祀孔祭祖等为异端行为，禁止中国教徒参加，并命令在华耶稣会士改变这种传教方式。耶稣会士当即进行强烈申辩，加之耶稣会受到当时具有强大海外势力的葡萄牙的支持和庇护，教廷亦不得不在 1656 年颁布命令，只要不妨碍教徒的根本信仰，准许耶稣会士照他们的理解参加祭孔等活动，承认耶稣会在华的活动方式为合法。

后来这场"礼仪之争"被重新挑起，彼此间的对抗越来越尖锐。到了

1704 年，罗马教廷决心要对耶稣会在华传教方式进行干预，正式作出如下规定：中国教徒只许用"天主"称呼万物之主，不许用"天"、"上帝"等字眼；凡入天主教的，进士、举人、生员等不许入庙行祭孔、祀天之礼；凡入教之人不许在家中留祖先牌位，不得参加祭孔活动，等等。

次年罗马教廷派多罗教士为特使赴北京，传达上述命令。多罗到京后康熙曾热情接见，并向其解释祭孔、祭祖、敬天、事君，乃中国传统的伦理观念、风俗习惯，决不可废弃，并希望多罗能将其意见转达教廷，早日平息这场旷日持久之争。但多罗到了南京后宣布了教皇的敕令，从而使康熙大怒，当即逮捕了多罗，押送澳门监禁。1707 年，康熙颁发圣谕：自今而后，若不遵利玛窦规矩，断不准在中国居住，必逐去回国。并对在华传教士颁行领票之制，只有遵守利玛窦规矩的西方教士，方可领票，在中国境内自由传教，无领票者一律驱逐出境。从此，"礼仪之争"达到了白热化阶段。

罗马教廷态度亦趋强硬，决心要和清朝政府对抗到底。1715 年，教廷重申禁令，要求在远东的传教士必须服从，否则将处以严刑。此后，康熙帝对天主教的政策发生了根本性的转变。虽然最终康熙朝并没有实行严格的禁教，但康熙帝的禁教政策在历史上产生了深远影响，它成为鸦片战争之前清王朝的一项基本国策，被此后的雍正、乾隆、嘉庆、道光所继承和遵行。一场"礼仪之争"终于以天主教在中国的几近覆灭而告结束。

雍正即位后，恰逢天主教部分传教士参与了与其对立的皇室争斗，促使他进一步禁教。1724 年，雍正批准礼部发布的禁教令，当时除有少数传教士留京从事钦天监工作外，各地传教士都被迫迁澳门，在华教堂被关闭，一切传教活动全部停止。此后，天主教传教活动转入地下。直到 1844 年《黄埔条约》的签订，才让压抑许久的传教士们以合法身份公开传教，摆脱了四处受限与长期压制的处境。

　　总而言之，清代前期西方传教士来华，以康熙在位时的前、中期出现高潮，而在他晚年的礼仪之争后突然衰落，直到鸦片战争爆发，西方传教士又重新涌入中国，但已经不像早期那样承担沟通中西文化交流的角色了。

西学东渐

欧洲文艺复兴运动的兴起，导致了西方工业文明的迅速发展。随着资本主义生产力的发展，欧洲的自然科学技术日臻完善，一些学科，如天文、数学、物理学等已步入了近代化阶段，取得了一系列重大成果。

在中国，宋明理学末流的空疏，激起了很多思想家的批判，实学应运而生。在社会经济领域，史学思想家反对"重农抑商"的传统思想，公开反对封建土地所有制；在政治思想领域，他们以民本主义为武器，公开怀疑、限制和否定封建君主制，甚至提出了君臣共治天下的主张，开启了中国近代的民主启蒙意识序幕。这些实学思想的兴起，动摇了儒家思想的权威，造就了新的文化氛围，为西方科学文化的传播提供了空间。西方传教士把实学当成了中西文化交流的结合点，并通过实学把中西文化加以连接，使西学不断与中国文化进行交流与融合，从而实现西学东渐的历史过程。

耶稣会传教士在这场西学东渐运动中客观上起了穿针引线的作用。耶稣会士利玛窦所取得的成就最为突出。他不仅精通神学，而且在天文、数学、哲学方面都有相当的造诣，使他有更为广阔的视野来看待传教事业。他带来了欧洲文艺复兴以来的先进的科学文化，令当时的知识界耳目一新。"西学"以前所未见的巨大魅力，深深吸引了一大批正在探求新知识的士大夫们，短短几年中就掀起了一个"西学东渐"的高潮。无怪乎西方学者把利玛窦称为"科学家传教士"。

清朝初年的顺治帝和康熙帝以取长补短为宗旨，利用西方来华人士，吸收西方科学知识。清朝初年，由于传教士汤若望在天文方面颇有造诣，顺治帝对他相当宠信，让他掌管钦天监印信，成为清朝钦天监第一任外国人监正。康熙帝素来爱好天文、数学等自然科学，法国传教士张诚、白晋于1687年来华，康熙召见了他们，请他们学满语，以便传授数学知识。顺治帝和康熙帝的勤奋好学、重视科学是西学得以传播的前提。正是在皇帝的允许和支持下，西方传教士和中国学者共同努力，使西学东渐这一运动在中国得以实现。

首先，传教士们普遍认为，基督教"得以在中国立足唯一所恃的是数学"。因而当时译介过来的数学书籍最多。影响最大的是利玛窦与徐光启合译的欧几里德《几何原本》，这是正式传入中国的第一本西方数学著作，它丰富了中国的几何学。点、线、面等专有名词都是由这个译本确定下来的，一直沿用到现在，甚至影响到日本、朝鲜等东方国家。利玛窦还带来了克拉维斯的《实用算术概论》，1613年，他与李之藻合作，编译了《同文算指前编》、《同文算指通编》和《同文算指别编》，论述比例、级数、开方等，是为近代西方算术传入中国之始。利玛窦之后，艾儒略所著《几何要法》，邓玉函所著《大测》、《割圜八线表》，罗雅谷所著《测量全义》、《筹算》，穆尼阁所著《比例对数》等书，均对中国近代数学的发展产生了深远影响。

其次，天文历法的广泛传播。为了广泛传播西方天文历法知识，利玛窦在华刊印的第一部汉文著作《天主实义》，虽以宣传基督教义为主，但也已涉及天体形态。然后又撰写了《乾坤体仪》、《浑盖通宪图说》、《经天该》等天文学著作。在这些著作中，利玛窦介绍了有关日月蚀的原理、七曜与地球的比较、西方所测知的恒星及天文仪器的制造，等等。明代介绍欧洲天文学，最重要的成果是《崇祯历书》的编纂。书中介绍了哥白尼、第谷、伽利略、开普勒等天文学家们新的科学成果和天文数据。引进了明晰的地球概念和地理纬度的概念，并阐述了与此有关的测定方法和计算方法。还引进了黄道坐标系，采用了赤道起算的90度纬度和十二次系统的经度制。在计算方法上，引用了球面和平面三角学的准确公式，还引进了视差、大气折射的改进方法等。这些概念和计算方法，对于我国的天文学家们来说，开阔了眼界，这是对当时已经传入的西方天文学知识的总结之作，标志着中国天文学体系开始发生转变。

再次，传教士们也很重视介绍地理学知识。利玛窦到肇庆后，他根据绘有五大洲的西方世界地图，制成一幅大于原图，又用汉文注释的世界地图，此图后又在南昌、南京、北京由利玛窦重绘并修订多次，其刻板至少有八种，其中以1602年刊行的《坤舆万国全图》最为完善。在这些地图中，利玛窦向中国人介绍了有关五大洲（亚细亚、欧罗巴、利未亚即非洲、南北亚墨利加、墨瓦蜡尼加即南极）的知识，并指出五大洲的大体疆界，这是将16世纪地理大发现的成果，向中国介绍的第一人。为了迎合中国人自视为"中央帝国"的心理，利玛窦在绘制地图时，往往特意把中国画在世界地图的中央。不过，他在编绘地图时采用的是地图投影方法，打破了中国人"天圆地方"的传统观念。除利玛窦编制的世界地图外，还有系统介绍世界各国地理情况的专著——《职方外纪》，对明末知识界也产生了一定影响。

1708年由康熙亲自领导进行的全国测绘工作，主要在法国教士白晋、雷孝思和杜德美等人的率领下，采用西方经纬图法、三角测量法和梯形投影法，先从长城测起，在全国及藩属共分有641处测量点。全图比例尺约为1∶1400000，纵横各数丈，山川、府州县城及镇、堡等，无不毕载。内地各省注记用汉文，满蒙地名用满文。测绘历时数年，于1718年完成了著名的《皇舆全图》的编绘工作，这是世界测绘学史上前所未有的创举。《皇舆全图》开辟了中国近代地图的先河，是当时最详细的地图，也是研究中国清代康熙以来历史地理变化的重要资料。乾隆时，又在康熙图的基础上，扩大改制成《乾隆内府舆图》，该图又在西藏等地进行了复查和修正，在内容和精确程度上都比康熙图进步许多。

最后，在军事方面，西方的火炮技术传入中国，对中国火器的改良起到了一定作用。16世纪，葡萄牙人来到中国广东海面，不仅带来了商品，也带来了他们的火炮。当时的中国人称葡萄牙为佛郎机，所以当时引进或仿制的火炮都称为"佛郎机"。这种炮与中国传统的火炮不同，前有准星，后有照门，有炮架可以上下左右移动，比明朝原有的火炮装填便利，发射速度快，瞄准也更为准确。到了明朝末年，通过战争明朝又从荷兰人手中缴获一种新型大炮，称之为"红夷炮"，并加以仿制。红夷炮是当时世界上威力最大的先进火炮，这种火炮有较好的城防作用，在明与后金的战争中，

红夷炮

发挥了很大作用。努尔哈赤就是被红夷炮打伤的，暂时缓解了后金对明朝的疯狂攻势。

明末的边患与历法落后，清初统治者一定限度内的开明政策，为西学的输入提供了难得的契机。在 200 年左右的时间里，一些西方的哲学宗教思想和科学技术，先后传入中国。随着康熙以后对天主教的禁传，输入的西学逐渐被人们遗忘，但它所带来的影响是不能忽视的。

西学东渐推动了中国自然科学的发展。明朝末年所处的历史时代，即 16 世纪末 17 世纪初，正是东西方科学文化发展竞赛的关键时期，无论对中国对欧洲，都是十分重要的历史时期。在西方，近代科学正伴随资本主义生产方式的迅速发展而大步前进。而中国自明中叶之后，无论在社会制度还是科学技术方面，都已逐渐由先进变为落后，甚至处于停滞状态。在这种历史背景下，西学的大规模输入，一定程度上为中国自然科学注入新的活力，带来了生机。

明末西学的输入，尤其是西方科学技术的传播和应用，拓宽了人们的视野，先进的科学家与思想家从新接触的西方文化中受到启发，让他们看清空疏迂腐的理学，根本回答不了现实问题，必须对固有理学进行深刻的反思与批判，这就进一步助长了明末的反理学潮流的发展。

总之，在清代前期，西学继续传入中国，中国的一些进步人士在学习、研究方面取得了很大成就，但面对专制集权统治，他们始终不能自由地深入研究，严重阻碍了科技发展的速度。但不可否认的是，明末清初，由耶稣会派入中国的第一批传教士，都是有真才实学的专家，他们的确为中国带来了先进的科学技术知识，为中国的社会发展注入新的活力。交流总是双向的，西学东渐的同时就是东学西渐。这些来华的传教士在带来大量西方文化的同时，也将中国的先进思想文化传入了西方。

西方发现中国文化

16世纪前的欧洲，已经出现了一些关于中国的著作。对于西方来说，中国具有深刻而复杂的魅力。欧洲人关于中国的真实认识中总掺杂着想象。他们头脑中的遍地黄金、资源富饶的东方形象一直延续至16世纪。直到先驱的旅行者们踏上征服中国的船队亲临中国，通过自己的切身体会重新客观地认识中国，西方人对中国的看法才有所改观。而他们的著作正是充当中西交流的重要媒介，从中可以呈现出中国文化对欧洲的影响力以及汉学在海外的发展情况。

《东方诸国记》是16世纪上半叶西方人对中国的第一手记录。这是葡萄牙人皮来资在马六甲活动时，根据多方情报编写而成的书籍。书中记载了东印度香料岛及其他各岛的风土人情。这本书在最开始的部分有关于中国的简略介绍，卷末还专门有"中国"一节，介绍了中国的土地、中国的妇女、中国的皇帝及皇宫、中国的藩属国、中国的航海政策、中国的海关及关税、中国的度量衡、中国的物产等方面的内容。此书写于1512年到1515年间，直到1550年才出版。

16世纪葡萄牙著名的亚洲史学者乔安·巴洛斯所著《第三十年史》，他称当时的中国为"中华帝国"，对于这个国家的文明从心里赞叹，这是当时欧洲有关东方的研究性著作中比较优秀的一部。虽然巴洛斯从来没有

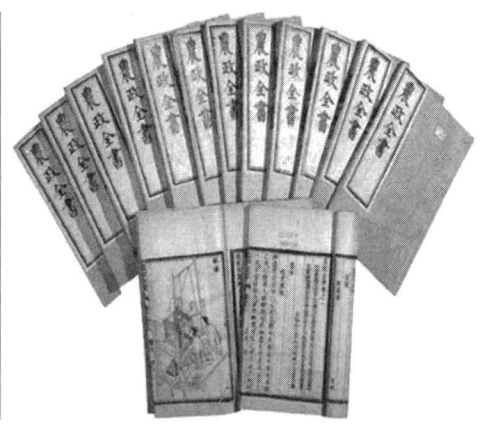

利玛窦和徐光启合影及《农政全书》

亲自到过中国，但他曾做过海外贸易部门的管理工作，因此有机会得到大量东方的原始资料。全书主要依据大量信件和里斯本的官方资料，此外还参考了当地华人为他翻译的中国文献。巴洛斯是继维尔荷所绘的《亚洲海图》中首次标有明长城之后，在欧洲人所写的著作中第一个提到万里长城的学者，也是最早认为中国的印刷术早于欧洲的西方人之一。

葡萄牙人加列奥特·佩雷拉写的回忆录《中国见闻录》，也是 16 世纪欧洲人了解东方中国的重要参考。他曾于 1539 至 1548 年间两度来华，在中国沿海进行走私贸易。在书中，他介绍了中国各省及省级官员组织情况、中国的农副业、中国的"老爷"和考试制度、中国人的宗教、法律、执法等。

西班牙籍学者门多萨应教皇之命，通过对前人的使华报告、文件、信札、著述进行收集整理，耗时两年，于 1585 年写成《大中华帝国史》。此书满足了当时欧洲人了解中国的迫切欲望，且由教皇"钦定"印行，因此一经问世，便身价百倍，被译成多种文字，风靡欧洲。至 16 世纪末，西班牙文的《大中华帝国史》就有 11 种版本，意大利文的《大中华帝国史》约有 19 种版本。《大中华帝国史》共分两卷。第一卷介绍了中国的政治、史地、宗教、文字、教育、科技、风俗、物产等。第二卷记载西班牙人出使福建、广东的经历、见闻。在 16 世纪的欧洲，这本书可以称得上是关于中国的最全面的百科全书，《大中华帝国史》详尽地介绍了中国的政治制度、教育制度、历史地理、物产风俗等方方面面，成为当时欧洲人了解远东帝国的全景图。其在中西文化交流史上的地位，远远超出了在此之前涉及中国的系列著述。

法国大作家、人文思想家蒙田在校阅《大中华帝国史》法文版时，在书中加批说："尽管我们没有接触过中国，不了解它，但中华帝国的政体和艺术在许多杰出方面都超过了我们。中国的历史告诉我们，世界该是多么辽阔而变化无穷。无论是我们的前人，还是我们自己，都没有彻底了解它。中国由国王派出的钦差大臣巡视各地，惩办地方上的腐败官员，褒赏清廉秉正者。"

到了 16 世纪末，欧洲介绍和研究中国的主体有了重大变化，即从商人、多明我会士、奥斯定会士转变为耶稣会士，出现了所谓"耶稣会士时代"。他们成为 17、18 世纪最重要的观察中国的外国人，自沙勿略时代起，耶稣会士在努力突破中国封闭大门局面的同时，他们也不断地在回欧信件中讲述中国。正是因为这些人牵线搭桥才使欧洲人对中国文化、语言、历史及风土人情有了进一步的了解。

耶稣会士首先注意到的是中国古代文化的辉煌成就，因此他们花费相当大的精力去研究和翻译中国古籍。罗明坚在 1581 年给耶稣会总长的信中，就附寄了一部中文典籍及一册译文。教会史学家裴化行曾怀疑这是《三字经》，但经过多方考证，发现罗明坚翻译的这部分内容是《大学》的第一章。此外，罗明坚还用拉丁文翻译了《孟子》，这是欧洲语言中《孟子》的最早译本。不过，除了《大学》的一小段外，罗明坚关于四书的拉丁译文都没有刊行，稿本今存罗马意大利国家图书馆。

利玛窦一到中国就开始研究中国的四书五经，并试图将它们译成拉丁文。从他所著的《天主实义》一书，可以看出，他至少研究了《大学》、《中庸》、《诗》、《书》、《易》、《礼》。他在1593年曾将部分四书德译稿寄回意大利，可惜未被印行，现在已经找不到原译稿了。

意大利耶稣会士殷铎泽和葡萄牙耶稣会士郭纳爵比利玛窦幸运，他们两人合作翻译了《大学》，并于1662年在中国建昌正式出版。随后两人又合译了《论语》。殷铎泽还自译了《中庸》，取名《中国政治伦理学》，于广州刊印。1669年印度果阿也翻印了此书。

柏应理的《中国哲学家孔子》一书在巴黎的刊印，标志着中国经典直接在欧洲印行的开始。1688年6月，巴黎有一个叫柏尼埃的人在《学术报》写道："中国人在德行、智慧、谨慎、信义、诚笃、忠实、虔敬、慈爱、亲善、正直、礼貌、庄重、谦虚以及顺从天道方面，为其他民族所不及，你看了总会感到兴奋，他们所依靠的只是大自然之光，你对他们还能有更多的要求吗？"可见此书在欧洲引起的强烈反响。

欧洲出现的第一个儒家四书的全译本是由耶稣会士卫方济完成的。1687年卫方济来华，先后在淮安、五河、上海、建昌等地传教。1702年，他又被教会派往欧洲。1711年，卫方济在布拉格大学刊印了他的拉丁文四书译本和著作《中国哲学》，系统地介绍了中国的儒家经典和中国古代哲学思想。

对于欧洲读者而言，利玛窦和金尼阁撰写的《基督教远征中国史》可能是17世纪欧洲出版的最有影响的关于中国的著作。利玛窦的原作为意大利文，1614年金尼阁奉命返欧时，在旅途中将其译为拉丁文，在编辑上将所需之处加上未完成的材料，并对原文有所删改，他为手稿加入了最后两章，补写了利玛窦的身后哀荣。利玛窦此书重点叙述耶稣会士最早到达的五个中国城市：肇庆、韶州、南昌、南京和北京。第一卷介绍中国的地理位置、疆域物产、百工技艺、文人学士、数学天文、政治制度、民情风俗，特别评述了儒释道三教。第二卷记述了基督教进入中国的经过，以及利玛窦在华的活动。

17世纪后半叶开始，法国耶稣会传教士们的影响更加凸显出来。他们不仅翻译和介绍以儒学为主的中国古代典籍，而且撰写了大量有关中国的著述。这些著述内容广泛、详细而系统，这是当时欧洲的任何国家所望尘莫及的。

这一时期介绍中国的著作中最完备的要数《中华帝国志》。这是一部集多人研究成果的百科全书式的巨著，涉及27位在华耶稣会士的作品。1687年，法国国王路易十四资助五名法国传教士到中国进行国情调查。这项调查开始以后有多人继续参加，延续了将近一个世纪。参加调查的洪若翰曾致信法国科学院说，他们在中国的调查包括天文、地理、编年史、汉学研究、自然科学和医学，以及政治、经济和社会现状。这些调查研究先后汇编成三部巨著，《中华帝国志》是其中最重要的一部。

《中华帝国志》向西方系统的介绍了古代中国的社会和科学，为欧洲提供的中国信息十分广泛，是当时欧洲人了解中国的知识总汇。这部书共有四卷：第一卷记述了中国各省的地理和历朝的编年史；第二卷研究的是中国的政治、经济、教育和文化经典；第三卷介绍中国的宗教、道德、医药、博物等；第四卷将满、蒙、西藏、朝鲜等民族列入专门的研究之中。还收录了许多中国著作的译本。这部书对法国的启蒙学者具有一定的启发作用，伏尔泰曾称之为"一部关于中国的最好最详尽的著作"。

《中华帝国志》、《中国通志》、《耶稣会士书简集》，号称欧洲三大汉学名著。此外，还有法国耶稣会士李明的《中国现状新志》等著作。

经过众多传教士的研究、翻译、介绍和实物的寄送，一个完整的"中国形象"在欧洲人头脑中形成。他们重塑了对中国的新印象，在16、17世纪再一次触动了西方人，中国被当成一个哲学意味极强的开明专制国家，他们相信同中国进行科学文化的交流可以推进人类文明进程，中国人也被看成是世界上最有道德修养的人种。当时的人们认为，欧洲有理由从文明繁荣的中国得到借鉴。

其中最具代表性的三位大思想家，分别是最早研究中国文化和中国哲学的德国人莱布尼茨、重视中国传统文化的法国启蒙思想家孟德斯鸠、折服于孔子教诲的思想家伏尔泰。虽然他们三个人都没有亲自到过中国，他们对中国文化的了解都来自西方传教士的口传和文载，但他们都不约而同地推崇中国，积极倡导中西文化交流。

莱布尼茨是17、18世纪之交德国最重要的哲学家、数学家和伟大的科学家。他主编出版了《中国近况》一书，并亲自作序。该书收入了康熙年间的教士所写的有关中国的情况。在该书再版的绪论中，莱布尼茨详细论述了他对中国以及中西文化交流的见解，堪称是一篇中西文化交流的宣言。他写道："全人类最伟大的文化和最发达的文明仿佛今天汇集在我们大陆的两端，即汇集在欧洲和位于地球另一端的东方的亚洲——中国。"又说："大概是天意使得这两个文明程度最高的民族携起手来，逐渐地使位于它们两者之间的各个民族都过上一种更为合乎理性的生活。"他反复阐明中国和欧洲各有长短，应当互相学习，取长补短。莱布尼茨尤其推崇中国的伦理道德。他认为和中国人相比，"在实践哲学，即在生活与人类实际方面的伦理以及治国学说方面，我们实在是相形见绌了"。

孟德斯鸠是法国著名的启蒙思想家。他在政治学、哲学、历史学和社会学等方面都作出了巨大的贡献，并且得到举世一致的公认。18世纪的中西文化交流史上，他也发挥过重要的作用。孟德斯鸠在世的60余年，恰逢"中国热"在法国掀起高潮，在无人不谈中国的氛围中，他很早就对中国发生兴趣，对中国的关心和研究贯穿了他的一生。

从开始接触有关中国的信息起，孟德斯鸠就表现出与众不同。对于人们赞扬中国的言辞，他常常表示怀疑和否定。与之相反，对于揭露中国阴暗面的材料却深信不疑，如描述中国商人的狡诈、平民愚昧，等等。孟德斯鸠对中国的了解和研究，虽然涉及面很广，但他最为关心的始终是中国的政治和法律。

伏尔泰是18世纪法国著名的思想家、史学家，启蒙运动的精神领袖。在他的启蒙宣传中，中国始终占据着重要的地位。他一生曾在80部作品、两百余封书信中论及中国。从这些著作中都可一窥他对中国的热情。他的笔锋触及中国的政治、历史、宗教、哲学、科技、文艺和风俗等各个方面。正因为如此，全世界研究18世纪的学者，一致公认他是启蒙时代最热情、最积极的"亲华派"，被誉为"欧洲的孔子"。

伏尔泰深入研究了儒家思想，认真读了孔子的全部著作。他发现孔子所传授的伦理道德是最纯洁的道德。他说："孔子绝非先知，他从不自称受神灵启示，他只承认应不断克己；他只著哲理之书，而中国人也只把他视为哲人，他说的每一句话都关系到人类的幸福。"儒学的西传，不失时机地满足了西方人对人际关系新观念、新模式的急切需求，备受启蒙思想的精神领袖伏尔泰的注视。他在自己的书房里挂上孔子画像，像中国人一样毕恭毕敬地祭拜孔子为先师，成了名副其实的"孔门弟子"。

西方近代先进科技与古老帝国几千年的封建文化相碰撞，促使明清之际有识之士在继承传统文化之同时，睁眼看世界，启蒙教育思想家的几声呐喊，虽如喧嚣闹市的几声蝉鸣，却未能从根本上引起世人的震惊和觉醒，

伏尔泰故居

但它毕竟如长夜之末迸发出的几点火花，引起了早起者的注意。"西学东渐"
的跌落与被迫再起，虽给后人留下了难以品尝的苦果，但它却为后世国人
提供了一面透亮的镜子。它至少让中国人能够拨开封建的帷幕，窥视到正
在发展中的近代科学的某个侧面。"东学西渐"的渗入，让欧洲人寻找到
内心的知音，告诉他们要勇敢冲破世俗的枷锁，积蓄许久的力量终于要释放，
一个崭新的时代呼之欲出。

清中后期中西方
的交流与对抗

当中国从康乾盛世走过之后，曾几何时，力量对比的天平已经悄然转向了欧洲一方。在经历多年的闭关锁国之后，中国已经不再是世界上经济文化最发达的地区，反而成为任欧洲列强宰割的东亚病夫。随着康熙以后禁止基督教在华传播，中国关闭了面向欧洲的最后一面窗户，中国再一次与世界失之交臂，完全丧失了自我发展的能力。随之而来的是，从前曾经被明朝驱逐的西方侵略者，现在成为清朝统治者挥之不去的梦魇了。

长期禁教后的西方来使

礼仪之争给中西双方都造成了严重的损失，对西方来说，各个修会都被清政府驱逐出境，罗马教廷几乎丧失了经历 150 多年艰辛开辟而得到的传教成果，而中国则丧失了近代化的机会。

尽管耶稣会士不是推动中国进行近代化的催化剂，但却带来了西方文明的样本。他们代表了西学的一缕文明之光，在一小部分较进步的中国士大夫中间点亮。这些带来科学技术新知识的耶稣会士，本质上是一些宗教人士而非科学家，他们只是介绍了西方科学中少数一些吸引中国人注意力的分支，但还是给当时的中国以不小的冲击，一些进步的士大夫已经开始学习西方的先进科技。而随着礼仪之争，刚刚传入中国的新鲜西学被突然掐断，中国从皇帝到士大夫到平民百姓，丧失了一次接触西方先进文明的机会。

随着传统天主教传教士被驱逐，传教活动暂时进入了低谷。但是到了19 世纪下半叶，新教传教士再次将目光投向了中国，仅仅英国就先后成立了浸礼会差会、伦敦布道会、苏格兰差会等，并且训练了一批传教士，其中最有影响的就是新教传教士马礼逊。

马礼逊是由伦敦布道会于 1807 年派到中国来的，他也是第一个来中国大陆传教的新教传教士。当时中国的海禁和教禁都极其严格，马礼逊绕道美国，在得到了美国国务卿的帮助后，被以"客人"的身份秘密安置在广州的美国商馆的货栈里，这也是后来英美传教士秘密来华的主要藏身方式。

在隐居期间，马礼逊学习中文，并且在衣食住行方面尽量融入中国社会，大有当年利玛窦初到中国时的执著精神。在默默潜居六年后，伦敦布道会派米怜来协助他工作。1814年，马礼逊的工作终于有了收获，一个帮助他做印刷工作的中国工人蔡高在澳门受洗入教。而在同一时期，另一个较有名的中国教徒梁发也受洗入教了。此人非常热心，不仅帮助印刷，还自己撰写通俗性的布道小册子并大量散发。洪秀全就是在来广州参加考试时，接触到他散发的《劝世良言》，才知道基督和上帝的。

马礼逊在梁发和米怜的帮助下，完成了《圣经》和《英华字典》的翻译工作。并且在1816年阿美士德来中国后，担任特使的翻译，并随使团去了天津和北京。此后直到他去世，他所发展的教徒数量也是很少的。马礼逊的贡献不是在于他发展的教徒的数量，而是在于他的传教工作的创新性以及大量的译著。

马礼逊传教士

在英国积极组织传教士来华传教的同时，美国也派出了传教士来中国布道。美国教会先后派出了数位传教士来华，其中最有名的是伯驾。他在广州开办了一所眼科医院。医院的初期是成功的，伯驾还联合广州其他的西医，成立了医学协会。这些传教士医生的行医宗旨，主要是把科学输入中国、将宗教输入中国。但是在这之后，鸦片战争的爆发，使伯驾的思想和对中国的看法发生了巨大变化，他由一个醉心宗教、尽力传教和行医的传教士，变成了一个侵略性极强的政客，对中国充满了仇恨，并且在鸦片战争中充当了极其不光彩的角色。

在鸦片战争前后，这些来华的传教士，既有助于中西文化科技交流，也充当了西方军事和经济侵略工具。一些传教士同西方商人和政客有着打开中国大门这一共同目标。伯驾等人还亲自参与了《望厦条约》的谈判和签订工作。马礼逊的小儿子在鸦片战争中充当了英军的翻译和顾问，攻打长江这一军事方案就是由他提出的。这一时期的传教活动已经与禁教之前的传教活动相去甚远了，更多的带有政治色彩，已不再是纯粹宗教上的布道了。

康熙末年禁教以后，商业活动越来越成为中国与西方关系的主要内容。荷兰东印度公司从 1603 年到 1693 年由东印度特别是中国输入的货物价值达一亿两千万法镑。1653 年，荷兰东印度公司获利达 5100 万法镑，到 1693 年更是达到了一亿法镑。随后英国人、瑞典人、美国人也都加入到对东方的贸易活动中。由于英美商人和政府的不断扩展，其他国家的商人相继被排挤出中西贸易，到 18 世纪时，中英商贸关系代表了中国的对外关系。1685 年以后，清政府宣布开放四口贸易，英国人获得了在厦门和广州的贸易权。1689 年英船"防卫"号来广州贸易，这是中英之间的第一次正式合法贸易。

1755 年，英商洪仁辉违制停船于定海，请求贸易，被拒绝进港后，洪仁辉于 1759 年前往天津，上书乾隆皇帝，控告广东海关的腐败勒索和非法征课行径，再次要求在浙江通商。乾隆皇帝对这种违制行为非常生气，下令中外贸易只限于广州一口，其他各口一概关闭，同时下令派人赴粤查办海关，最终海关监督被撤职，并将洪仁辉押送澳门圈禁三年。

洪仁辉事件后，中外贸易被限于广州一口。与此同时清政府制定了一系列的严格限制外人活动的规条，如《防范外夷规条》、《民夷交易章程》、《防范夷人章程八条》、《防夷新规八条》等。这些规条的主要内容是：①船舶须停外江，不得进入虎门；②妇女不得进入商馆，铜炮枪及其他武器均不得带入商馆；③外商不得与民人直接贸易，一切内外交易必须经由行商负责；④外商所用雇员，包括门人、挑夫、买办、通事等均须出行商保充，造册报官，其数量亦不准超额，每馆门人不得超过两人，挑夫不得超过四人，并且不准雇用妇女；⑤洋人不得乘轿，不得在江中划船取乐，不得随便出走逛街，不得多人结队行走；⑥洋人不得同中国官员直接交涉，只能由行商转呈；⑦洋人不得在广州过冬，必须到澳门过冬；⑧公行行商不准有负欠外国人之债务。

广州方面严格地执行这些章程，尤其是有关妇女的条文。这些对外国商人的限制章程阻碍了中外贸易的正常发展，英商不堪忍受，强烈地要求打开中国的贸易大门。在他们的强烈要求和财力支持下，英国政府终于决定派出使团来中国进行磋商，用正式的外交手段来打开中国的大门，为英商创造更有利的贸易环境。

1792 年 9 月，英国政府为了进一步打开中国贸易大门，在首相庇特的推动下，在东印度公司的财力支持下，英王任命马戛尔尼为特使，以祝乾隆八十寿辰为名出使中国。

英国政府为这个使团的派遣做了精心的安排。在人选问题上，英国政府考虑到中国的轻商传统，中国官吏的傲慢情绪，认为使者必须是和商业毫无关系的、有办事能力且有一定地位的人。马戛尔尼完全符合英国政府的要求，此人出身贵族，获有神学硕士学位，曾做过驻俄国公使、爱尔兰和不列颠国会议员、爱尔兰首席大臣和印度马德拉斯总督。副使斯当东是法学博士，代表团其他成员也都是各种专家，有哲学家、航海专家、机械专家、制图家、植物学家、医生、画家及有经验的军官。1972年5月3日，马戛尔尼被正式任命为"大不列颠国王特命全权派驻中国皇帝大使"，为了增加他使命的隆重性，马戛尔尼还被加封了枢密大臣头衔和子爵封号。

1792年9月26日，使团从伦敦出发，带着为中国皇帝准备的琳琅满目的礼品，总共价值15610英镑，包括一架天象仪、一些地球仪、机械工具、天文钟、望远镜、测量仪、化学和电机工具、窗橱玻璃、毛毯等大量礼品。同时马戛尔尼受命，尽一切可能收集有关中国政治、军事、社会、经济和哲学等各方面的情报。并且同中国政府谈判，以试图打开中国贸易大门。

1793年6月19日，使团顺利抵达广州口岸，在清廷的一路护送和沿途官员的热情接待下，于8月5日抵达天津大沽。在北京颐和园作短暂停留后，于9月2日前往热河觐见乾隆皇帝。乾隆皇帝对英国"朝贡"使团前来恭贺他的寿辰，感到非常欣慰，下令以远超缅甸、安南等的礼节迎接。

为了能够顺利完成使命，马戛尔尼在英国期间，曾受命服从一切无损于英王荣誉以及他本人尊严的中国宫廷礼仪。但是在觐见礼仪问题上，马戛尔尼和清廷还是出现了分歧，清廷主张马戛尔尼在觐见乾隆皇帝时行三跪九叩大礼，而马戛尔尼提出了一个相应的条件，如果一位与他官爵相当的中国官员向英王陛下的画像行三跪九叩礼，他才向皇帝行叩头礼，这一提议遭到了清廷拒绝。在经过多次波折后，乾隆皇帝在情绪颇佳时做出了让步，同意马戛尔尼用觐见英王时最恭敬的礼节，也就是免冠鞠躬、单膝下跪，来觐见中国皇帝。

同年 9 月 14 日，乾隆皇帝隆重接待了马戛尔尼使团，马戛尔尼上呈了英国国王的国书，并送上从英国带来的大量礼物。乾隆皇帝通过马戛尔尼赠送给英国国王一柄玉如意，并祝愿英国国王能与他一样长寿，随后赠送了两位使节各一柄绿如意，以示恩宠。马戛尔尼回赠给皇帝一双镶嵌钻石的金表，而副使斯当东则回赠给皇帝一对精美的气枪。接着是盛大的御宴款待使团。这次觐见并没有谈实质内容，乾隆皇帝只是简单地询问了英王的情况。

觐见之后，马戛尔尼返回北京，与军机大臣和珅就扩大商务和交换使节等事宜展开谈判，但是和珅顾左右而言他，不做任何答复，规避一切谈判的尝试。最后只是隐晦地建议英国使节将其要求写成一份书面文件呈给皇帝。于是马戛尔尼在 10 月 3 日以英国国王的名义呈送了一份照会，将谈判内容呈送给皇帝：

1. 允许英国人在珠山（舟山）、宁波和天津等处登岸，经营商业。

2. 请中国按允许俄国商人在中国通商之例，允许英国人在北京设一货栈，用以买卖货物。

3. 请于珠山（舟山）划未经设防的一小块地方，归英人使用，以便英人居住，并存放货物。

4. 请于广州附近取得同样的权利，且听英国人自由往来，不加禁止。

5. 凡英人商货，往返于广州和澳门之间者，请予免税或减税到 1782 年水平。

6. 英人船货，按照中国所订税率交税，不额外加征各种规费，清政府所订税则向英人公布。

　　清廷认为马戛尔尼此行只是前来祝贺皇帝寿辰，他也圆满地完成了这一使命，此时进行外交谈判是完全不适宜的。和珅将皇帝对谈判的回复转给马戛尔尼，大致意思是：天朝物产丰盈，无所不有，原不藉外夷货物以通有无。特因天朝所产茶叶、瓷器、丝斤为西洋各国及尔国必需之物，是以加恩体恤，在澳门开设洋行。俾得日用有资，并沾余润。今尔使臣于定例之外，多有陈乞，大乖仰体天朝加惠远人、抚育四夷之道。也就是说，乾隆皇帝全面拒绝了英国的通商要求。

　　和珅更提示马戛尔尼说，严冬不久就要来了，皇帝担心特使的健康，显然这是在暗示，希望马戛尔尼离开。马戛尔尼也意识到，再继续留在北京也是无济于事了，于是率领使团于10月7日离开北京。在广州停留一个月后，前往澳门，最终于翌年9月4日抵达伦敦。

　　这次耗费了英国人近八万英镑的出使，在外交层面上彻底失败了。它既没有达成在北京设立代表处的目的，也没能扩展贸易。按东印度公司董事会秘书奥贝尔诙谐的总结："特使得到了极其礼貌的接待、极其殷勤的款待、极其警觉的注视以及极其文雅的打发。"

　　虽然英国使团并没有达到他们预期的目的，但这次出使作为英国政府第一次正式派遣使团来华，成功地收集到了关于中国的第一手珍贵情报，对英国了解中国的情况起到了重要作用，为以后一系列的对华政策奠定了基础。

　　英国对中国的印象清晰了，也改变了。首先，中国军事设施的落后，让马戛尔尼看清楚了清政府的实力。其次，清朝的官僚制度，让马戛尔尼看到了清政府浮华背后的隐忧，普通百姓生活贫穷，官场中贪污腐败非常普遍，最真切的体会就是，马戛尔尼不相信他的使团每天耗费了朝廷准支的1500两津贴，他猜测这笔津贴大部分都肯定落入了负责接待的官员手中。再次，清政府办事的自负和不务实、浮夸，让马戛尔尼更加轻视中国。

关于清王朝的前景，马戛尔尼做出了相当犀利的评价："中华帝国是一艘陈旧而又古怪的一流战舰，在过去的一百五十年中，代代相继的能干而警觉的官员设法使它漂浮着，并凭借其庞大与外观而使四邻畏惧。但当一位才不敷用的人掌舵领航时，它便会失去了纪律与安全。它可能不会立即沉没，它可能会像残舸一样漂流旬日，然后在海岸上粉身碎骨，但却无法在其破旧的基础上重建起来。"

中国和西方的关系在这一年迎来了拐点，中西方交流从文化和商业渐渐转向了战争为主题，而1793年也成为长达百余年对抗的起点。

法国著名历史学家费尔南·布罗代尔曾评价："虽然这是不成功的约会，却是文明与思想比较史中一个具有独特意义的时刻。这是古老中国与近代化英国的第一次正式接触，为中国提供了认识世界，改变封闭状态的良好机遇。然而清政府的闭目塞听使它看不到世界的形势，一直盲目自大，闭关自守失掉了这次审视自己，认识世界的机会。"

到了1815年，欧洲反拿破仑战争结束，英国又重新将目光转移到扩大对华贸易上来，于是决定派遣前印度总督阿美士德勋爵出使清廷。并让阿美士德一定尽力完成既定目标：消除在广州的种种困难，实现中英商人间的自由贸易，废除公行制度，开放更多口岸，英国商人可以自由居住在商馆而不受时间及雇用华仆的限制，建立商馆和官方的联系，以及在北京派驻外交使节的权利，等等。

使团于1816年2月8日从朴茨茅斯出发，这一次使团并没有在广州登陆，而是于7月直接从海路抵达天津。但是，在接待过程中，重新遇到有关礼仪的问题，双方之间发生了一系列不愉快，最终的结果是，嘉庆皇帝降旨将使团驱逐回国。使团最后于1817年1月28日从广州启程返回伦敦。

两次旨在通过和平谈判与清朝讨论贸易问题的努力都宣告失败，这使得摆在英国这样一个当时世界上最强大的海上霸主面前的只有最后一种选择了，那就是武力强迫。

在两国政府间关系日益紧张的同时，由于私商和港脚贸易的迅速增长，以及从印度向中国走私鸦片的飙升，广州贸易的性质也发生了急剧的变化。私商贸易和港脚贸易在1817—1834年间，已经占据了英国对华出口总额的四分之三。到1820年时，广州贸易已经发生了翻天覆地的变化，私商贸易已经超过东印度公司贸易，鸦片已经超过了合法货物成为主要的进口货项。这两种形势的发展，导致了破败不堪的广州贸易体系最终崩溃，并加速了英国与中国之间激烈冲突的来临，古老的中国与海上霸主英国之间作最后摊牌的时刻很快就要来临了。

中西军事碰撞的开端

建立于 18 世纪的广州贸易体系，自开始与西方开展贸易以来，一直是顺差严重偏向中国一方。外国商人到中国用大量的金银采购茶叶、生丝和其他货物，但相对而言，中国人对于西方的工业产品却无所需求。东印度公司驶往中国的船舶经常是装载着超过 90% 的黄金，而只有 10% 的商品。1781—1790 年十年间，流入中国的白银达 1640 万两，1800—1810 年间更是高达 2600 万两之多。这种有利于中国的贸易顺差在 19 世纪 20 年代中期随着鸦片的大量流入而发生改变。1826 年之后，贸易平衡开始向相反方向倾斜，1831—1833 年有将近 1000 万两白银从中国流出。随着时间的推移，这种逆差在进一步扩大。

雍正皇帝曾在 1729 年禁止销售和吸食鸦片。嘉庆皇帝则在 1796 年明令取缔进口和种植鸦片。虽然清朝多次下令禁止销售、吸食，但是吸食鸦片行为依旧很广泛。到了 19 世纪 20 和 30 年代，因为鸦片贸易，开始导致白银的迅速外流。

鸦片的大量流入以及白银的大量流出引起了清廷的重视，最终道光皇帝决定严禁鸦片流入，并在 1836 年谕令两广总督邓廷桢剿灭鸦片，并规划了长期的控制方案。

到 1837 年底，邓廷桢成功捣毁了广州口外所有的走私网络。随着禁烟运动的深入，清廷于 1838 年任命林则徐为钦差大臣，负责彻底禁绝广州的鸦片贸易。1839 年 3 月 18 日，林则徐劝谕在广州的外国商人，责令他们在三日内呈缴所有的鸦片，并出具一份嗣后永不敢非法夹带鸦片的保证书。但洋人对于林则徐的劝谕置之不理，在三天后，洋商们只是象征性地上缴了 1000 余箱鸦片。到了 3 月 24 日，林则徐下令中断贸易，撤走外国商馆的华人买办和仆役，并包围了英国商馆。最终在林则徐的强命之下，英政府的商务监督义律向林则徐上缴了 2 万余箱鸦片。林则徐下令在虎门将鸦片公开销毁，并带领大、小官员亲自监督。经过 22 天，才把缴获的鸦片全部销毁。这就是举世闻名的"虎门销烟"。

1840 年 6 月，由英国海军少将懿律率领的英国军队，抵达中国，拉开了中英鸦片战争的序幕。

这场战争本身可分为三个阶段。

第一阶段从 1840 年懿律抵达中国，到 1841 年《穿鼻草约》缔结。英国军队于 7 月 2 日放弃广州北上，一个月后抵达白河，直接威胁到了北京的安全，道光皇帝对于林则徐的信任开始动摇，于是授权直隶总督琦善接待懿律和义律。琦善答应英国人将在广州和其谈判，于是懿律舰队离开白河。在英国人离开白河后不久，林则徐便被撤职并发配新疆伊犁，而琦善被任命为钦差大臣。1841 年 1 月 20 日，琦善同义律拟定了《穿鼻草约》。不论清廷还是英国政府，都对这个草约极不满意，战火重起。

在战争的第二阶段，清廷任命奕山为靖逆将军及钦差大臣，率军迎战英军。此时英国新任命的军队统帅尚未到达，英军继续由义律率领。英军于 1841 年 2 月相继攻陷虎门军事要塞、珠江沿岸战略要点，并包围了广州城。之后在 5 月 27 日达成了第二次停火协定，条件是：一周内向英军支付600 万元；中国军队在六日内撤到广州城 60 里外；英军撤离虎门，交换战俘；搁置香港割让事宜。

1841 年 8 月，璞鼎查抵达澳门，接替了义律的英军指挥权，战争进入第三阶段。璞鼎查按照英国政府的训令，只留下一些船只守卫香港，于 1841 年 8 月率领舰队北上，8 月 26 日占领厦门，10 月 1 日攻取定海，10 月 13 日攻克宁波，1842 年 6 月占领吴淞，接着攻克上海，7 月 21 日占领了大运河和长江交汇处的重要交通枢纽镇江。在璞鼎查布置军舰作进攻南京之势后，清廷迅速派耆英和伊里布同英国人进行和谈。

双方在经过几天时间确定细节后，在"康华丽"号军舰上签订了中国第一个不平等条约《南京条约》，条约主要内容如下：

1. 宣布结束战争，两国关系由战争状态进入和平状态。

2. 清朝政府开放广州、厦门、福州、宁波、上海等五处为通商口岸，准许英国派驻领事，准许英商及其家属自由居住。

3. 清政府向英国赔款 2100 万银元，其中 600 万银元赔偿被焚鸦片，1200 万银元赔偿英国军费，300 万银元偿还商人债务。

4. 割让香港岛给英国。

5. 中国海关关税应与英国商定。

6. 废除公行制度，准许英商与华商自由贸易。

7. 英国人享有领事裁判权。

最讽刺的是，作为这场战争直接起因的鸦片竟然只字未提。在一年后，中英双方又签订了《虎门条约》，该条约确定了英国享有片面最惠国待遇，其他国家在中国享有的任何权益，英国都可以同样享有；英国拥有领事裁判权，可以审判他们自己的臣民；双方协定关税，确定值百抽五原则；允许英国军舰停泊于五个通商口岸。

继英国人之后，美国人和法国人相继要求得到同样的待遇，清廷害怕在遭受鸦片战争的失败后再次激起新的冲突，于是相继同美国和法国签订了中美《望厦条约》和中法《黄埔条约》。在这些条约中，对中国危害最大的是核定关税、治外法权和片面最惠国待遇。这些强加给中国的不平等条约，严重地侵犯着中国的主权，使中国开始沦为半殖民地，中国开始了长达一个世纪的屈辱。

鸦片战争的失败，使一部分忧国忧民、有远见卓识的知识分子和官吏，深深认识到了中国的落后和亡国灭种之危，开始了学习西方、变革社会的救亡图存之路。

林则徐被称为近代中国"开眼看世界的第一人"。为了了解外国，林则徐很重视翻译西方书报。在他的署衙里，设有专门的翻译人员，并且专门派数十人去洋商处搜集有关西方的情报。在他的大力提倡和亲自主持下，编译了一批近代最早的涉外书籍和外文报纸，如《四洲志》、《澳门新闻纸》、《澳门月报》等。尽管它们传播的范围很有限，但是，在当时对于了解外国情况，开阔人们的视野和思想文化的开放，都起到了积极作用。

为了应对与西方可能爆发的冲突，林则徐特别重视学习、引进西方的军事技术和装备。1840 年初，他曾经从西方国家购买大炮六门，并曾向朝廷上奏，希望能够大量购买西方的新式火炮。他不仅买船购炮还积极引进西方技术，自己制造船炮。1840 年 4 月，由他主持仿造、改制的二只双桅船，曾在广州下水。

在林则徐开始介绍西方的先进技术之后，近代著名思想家魏源更加明确地表达了向西方学习的思想。在鸦片战争期间，魏源曾在两江总督裕谦幕下，帮助督办浙江军务，参加防守海防的战役。他目睹了清政府的腐败，又看到英国侵略者的猖狂，受到很大刺激，立志要总结经验，发奋著书，

魏源图

以激发人们的爱国之心。1841年林则徐被革职，充军到新疆的途中，在京口(今镇江)遇见了魏源，林则徐将《四洲志》的稿子交给魏源，嘱咐他撰写《海国图志》。魏源于1844年完成了《海国图志》的编纂工作，厚50卷，1847年扩为60卷，后又进一步扩编为100卷。提出"师夷之长技以制夷"的主张，即自建船厂、炮舰、练军经武，以加强海防，抵御外国侵略。

比《海国图志》稍晚，1848年，福建巡抚徐继畲也编写了一部性质差不多的著作《瀛环志略》。《瀛环志略》一书的材料亦多取自西方人，特别是美国传教士雅裨理，该书纠正了很多中国史志中有关世界地理的错误，同时介绍了许多外国的风土人情，对鸦片战争后的中国社会产生了相当大的影响。由于该书中重点介绍美国的风土人情与政治制度，并且对美国制度及华盛顿总统推崇备至且影响广泛，在1867美国政府赠给徐继畲一幅美国总统华盛顿的画像以表达谢意。

综观鸦片战争后的十余年，虽有林则徐、魏源等极少数人开始了解西方事物，提出了师夷长技以制夷的主张，并且翻译和著述了大量介绍外国文化、政治、科技的书籍，但是大多数人对西方人、西方的事情、西方宗教还是毫无了解且存在很大的认识错误，这些都严重妨碍了中国人及时调整观念。

鸦片战争后的十余年，中国部分进步的知识分子和官吏努力去了解西方，学习西方的先进技术。与此同时，西方列强也在千方百计地向中国输出产品，但是它们不满足已经取得的特权和利益，蓄意加紧侵犯中国主权，进行经济掠夺。

1856 年，英法联合发动了第二次鸦片战争。1858 年，清政府派钦差大臣桂良、花沙纳与俄、美、英、法各国代表分别签订《天津条约》。中英《天津条约》共 56 款，附约 1 款；中法《天津条约》共 42 款，附约 6 款。主要内容是：

1. 公使常驻北京。

2. 增开牛庄（后改营口）、登州（后改烟台）、台湾（后定为台南）、淡水、潮州（后改汕头）、琼州、汉口、九江、南京、镇江为通商口岸。

3. 外籍传教士得以入内地自由传教。

4. 外人可以入内地游历、经商。

5. 外国商船可在长江各口岸往来。

6. 修改税则，减轻商船吨税。

7. 对英赔款银 400 万两，对法赔款银 200 万两。

《天津条约》签订后，英法联军由天津从海路向南撤离。咸丰帝对条约中的部分内容感到不满，令桂良等通过在上海与英、法代表谈判通商章程的契机，与英法交涉修改《天津条约》，取消公使驻京、内地游历、内江通商等条款，并设法避免英、法到北京换约。11 月，桂良等与英、法、美代表分别签订了《通商章程善后条约》，规定：鸦片贸易合法化；海关对进出口货物照时价百抽五征税；洋货运销内地，只纳 2.5% 子口税，免征一切内地税；聘用英国人帮办海关税务。而对于桂良提出的修改部分《天津条约》条款，被英法代表严词拒绝，并坚持要去北京换约。

1859 年 6 月，英国公使普鲁斯、法国公使布尔布隆和美国公使华若翰在拒绝桂良提出的在沪换约的建议后，率领三国军舰前往大沽口，企图以武力威慑清政府交换《天津条约》批准书。清政府命直隶总督恒福照会英、法公使，以大沽水道已经被防御工事堵塞为由指定他们改由北塘登陆，经天津去北京换约，随员不得超过 20 人，并不得携带武器。

英、法公使拒绝清政府的建议，执意要率舰队由大沽口经白河进京。6 月 25 日，英海军司令贺布率 12 艘军舰从拦江沙强行进入大沽口水道，下午 3 时贺布下令英法联军进攻大沽炮台。在僧格林沁的指挥下，清朝守军顽强抵抗，发炮反击，与英法舰队展开激烈交火。此战过后，英法联军损失惨重，军舰受损严重，人员死伤 400 余人，英舰队司令贺布也在战斗中受重伤。这场战斗是自鸦片战争以来，清军唯一的一次胜利。

英法联军进攻大沽惨败的消息传到欧洲，英、法统治阶级内部一片战争喧嚣，叫嚷要对中国"实行大规模的报复"。1860 年 2 月，英、法当局分别再度任命额尔金和葛罗为全权代表，率领英军 15000 余人，法军约 7000 人，扩大侵华战争。8 月 1 日，英法联军在北塘登陆。14 日，攻陷塘沽。8 月 21 日，大沽失陷。侵略军长驱直入，24 日占领天津。9 月 22 日，咸丰皇帝仓皇逃往热河避暑山庄。侵略军一路烧杀抢掠，在圆明园内大肆抢掠珍贵文物和金银珠宝，之后为了掩盖野蛮罪行将圆明园焚毁。10 月 24 日、25 日，英法联军以焚毁紫禁城作为威胁，迫使恭亲王奕䜣分别与额尔金、葛罗交换了《天津条约》批准书，并订立不平等的中英、中法《北京条约》，作为《天津条约》的补充。中英、中法《北京条约》的主要内容有：增开天津为商埠；准许英、法招募华工出国；割让九龙司给英国；退还以前没收的天主教资产；赔偿英、法所谓的军费各增至 800 万两，恤金英国 50 万两，法国 20 万两。

在第二次鸦片战争期间，俄国西伯利亚总督穆拉维约夫乘英法联军攻陷大沽口之际，以武力强迫清廷黑龙江将军奕山签订了中俄《瑷珲条约》。根据这个条约，中国割让黑龙江以北、外兴安岭以南的 60 多万平方公里的土地给俄国，并把乌苏里江以东约 40 万平方公里的中国领土划作中俄共管。

1860 年，沙俄再次利用英法侵华联军攻占北京的机会，强迫清政府签订《中俄北京条约》，将乌苏里江以东（包括库页岛在内）约 40 万平方公里的中国领土，强行划归俄国；并规定中俄西段疆界，自沙宾达巴哈起经斋桑卓尔、特穆尔图卓尔（今伊塞克湖）至浩罕边界，"顺山岭、大河之流及现在中国常驻卡伦等处"为界。根据这一规定，于 1864 年签订了《中俄勘分西北界约记》，将巴尔喀什湖以东、以南和斋桑卓尔南北 44 万多平方公里的中国领土，割给俄国。

第二次鸦片战争的影响是深远的，它使中国损失了更多的主权和领土，中国社会半殖民地化的程度进一步加深。满清王朝痛定思痛，决定"师夷长技以制夷"，从而开始了"洋务运动"，迎来了回光返照的同治中兴。

第二次鸦片战争后，主张向西方学习的人大为增多，出现了提倡西学的早期维新派和洋务派。维新派中既有恭亲王奕䜣、大学士文祥、曾国藩、李鸿章、张之洞等高级官吏，也有冯桂芬、郑观应、马建忠、宋恕、宋育仁、薛福成、邵作舟、汤震等下级官员、知识分子和企业家。早期维新派纷纷著书立说，阐述向西方学习以求自强的思想，在社会上造成一定的影响。

中国出现自办的新式学堂、译书机构和近代报刊，并派出驻外使节和留学生，使学习西方的潮流初具规模。

经过第二次鸦片战争的震动，中国出现一种新的变法思潮，即学习西方以变法自强思想。轰轰烈烈的洋务运动也就此拉开了序幕。

洋务运动

1860 年以后，在经过第二次鸦片战争的冲击后，在中外联合镇压太平天国的过程中，清朝统治集团中逐渐形成了一批相对了解西方技术的地方大员。他们认为，可以采用一些资本主义生产技术，以达到维护摇摇欲坠的封建统治的目的。

1860 年 12 月，曾国藩上奏折说，目前借外国力量助剿、运粮，可减少暂时的忧虑；将来学习外国技艺，造炮制船，还可收到永久的利益。1860 年，恭亲王奕䜣在请设"总理各国事务衙门"的奏折中，也提出了类似的见解。

总理衙门于同治元年二月（1862 年 3 月）成立。由王大臣或军机大臣兼领，并仿军机处体例，设大臣、章京两级职官。有总理大臣、总理大臣上行走、总理大臣上学习行走、办事大臣。初设时，奕䜣、桂良、文祥三人为大臣，此后人数略有增加，从七八人至十多人不等，其中奕䜣任职时间长达 28 年之久。大臣下设总办章京（满汉各两人）、帮办章京（满汉各一人）、章京（满汉各十人）、额外章京（满汉各八人）。

总理衙门最初主持外交与通商事务，后来扩大到管理办工厂、修铁路、开矿山、办学校、派留学生等，权力越来越大，举凡外交及与外国有关的财政、军事、教育、矿务、交通等，无不归该衙门管辖，成为清政府的重要决策机构。

总理衙门的设立，也标志着洋务运动正式拉开了大幕。

随着洋务运动的开展，对人才的需求也越来越多。1862年在北京开设同文馆，作为总理衙门的附属机构；接着，又在上海设立广方言馆，在广州设立性质相同的同文馆。

同文馆创立之初，由于缺乏经验，加上顽固派的反对和抵制，发展并不是很顺利，直到后来情况才逐渐改观。1871年，同文馆添设德文馆；1876年，馆中正式规定：除了英、法、俄、德等外语，学生还要兼习数学、物理、化学、天文、航海测算、万国公法、政治学、世界历史、世界地理以及译书等课程。这一变革，使同文馆变成了一所以外语为主、兼习多门西学的综合性学校。1888年，同文馆添设格致馆、翻译处；1895年又添设东文馆。1898年，京师大学堂成立，1902年，同文馆并入京师大学堂。

这种完全迥异于中国传统教育的形式，先后培养出不少有用的人才。仅在清末民初担任出使大臣或驻外公使的，就有张德彝、唐在复、陆徵祥、杨枢、刘镜人等多人。京师同文馆除了培养人才，还进行了大量的翻译工作。丁韪良作为学堂总教习，在供职于同文馆的30年间，组织同文馆师生先后译书近30种，对当时的中国社会意义重大。丁韪良根据美国哈佛大学教授惠顿的《国际法原理》译成的《万国公法》，印行于1864年，是同文馆出版的第一部西学著作，很快便成了中国各通商口岸官员和一切涉外人员的必读之书。

1863年，李鸿章上书朝廷，奏请在上海设立类似于京师同文馆的上海广方言馆，以满足研究外国和与洋人打交道的人才需要。上海广方言馆亦称"上海同文馆"，创办历时40余年，先后培养出五六百名学生，其中不乏有用之才。

在洋务运动蓬勃发展之时，单单地创建学校培养人才已经不能满足洋务事业日益增长的人才需求，于是洋务派又进行了一个大胆的创举——选派留学生。正如曾国藩、李鸿章所言，这是"中华创始之举"，是"古来未有之事"。有中国留学生之父之称的容闳认为，这是开了中国历史的"新纪元"。

容闳早年从耶鲁大学毕业，毕业后回到中国，曾在香港高等审判厅和上海海关任职，后受到英国人的排挤被迫辞职。其后受到两江总督曾国藩赏识，招为幕僚。他建议公派留学生出国，培养洋务运动急需的现代人才。曾国藩采纳了他的建议，于1872年将容闳提出的公派留学计划上奏朝廷，并请求批准。

曾国藩在上海设立留学招生局，委任容闳负责办理，从上海、宁波、福州、广州等处，挑选13至20岁聪慧幼童，前住上海参加留学选拔考试。1872年7月，容闳动身去美国为留美幼童安排住宿。在纽黑文，容闳拜访了耶鲁大学教授詹姆士·哈德莱，在他的帮助下，容闳与康涅狄克州教育部门取得了联系。同年8月，监督陈兰彬、教习容增祥等带领第一批留美幼童启程赴美。学童们最初被安置在新英格兰地区美国普通人的家里，与美国孩子一块玩耍，一块上学，以便适应美国人的语言以及美国人的生活学习方式。后来清政府专门拨出款项，在哈特福德为留美学生建造了一座留学生大厦，以供居住。第一批留美幼童在美国站稳脚跟后，中国又先后派遣了数批留学幼童去美国学习。

这些留学幼童最小的才10岁，最大的也才16岁。许多留美幼童在经过几年的刻苦学习后以优异的成绩进入耶鲁、哥伦比亚等美国著名大学深造。以詹天佑为例，他在纽黑文中学时学习成绩十分优异，后考入耶鲁大学土木工程系深造，两次获得数学奖学金。美国《纽约时报》曾以十分赞赏的笔调写道："中国幼童均来自良好高尚的家庭，经历考试始获甄选。

他们机警、好学、聪明、智慧。像由古老亚洲来的幼童那样能克服外国语言困难，且能学业有成，吾人美国子弟是无法达成的。"这批留美学生日后大都成为中国各个领域的骨干力量。

与派遣学生赴美留学差不多同时，清政府也开始酝酿向欧洲国家派遣留学生。其发端者为福建船政大臣沈葆桢。作为向欧洲批量派遣留学生的试验，1875 年 4 月，沈葆桢在派遣福州船政局法籍监督日益格到法国延聘造船专家之时，顺带五名船政学堂学员到欧洲深造。这五名学生的成功派遣，为更大规模的留学计划奠定了基础。1876 年，李鸿章同英国方面经过商议最终确定了留欧方案。并且制定了详细的选拔方式和留学章程。在准备工作完备的情况下，挑选了 30 名学生去欧洲学习制造、驾驶、技艺等相关方面的科学技术。

留学生在法国和英国都受到很好的接待。日益格事先已向培训学校申请允许中方学生入校学习。到秋季时，日益格已把学堂学生安置在格林威治皇家海军学院和皇家军舰上。经过一番磋商，英国海军部同意中国学生上军舰时能入军官寝室，列为编外人员。

第一批学生在 1880 年先后学成回国。李鸿章、沈葆桢奏请续派，以保证技术人才不断。清廷批准了李、沈二人的请求。1881 年续派陈伯章等十名学生，分赴英、法、德学习驾驶与制造。1886 年又派遣第三批学员，仍分赴英法各国，主要学习测绘、图阵、驾驶、制造等专业。

总理衙门负责人奕䜣力图改变中国官员不知世界大势的现状，主张派员前往西方各国进行游历考察。1866 年，清朝政府派出了第一个赴外观光使团。同年春总税务司赫德在请假回国前向主持总理各国事务衙门的恭亲王奕䜣提出建议，可派同文馆一二名学生随往英国，观览英国风土人情。奕䜣认为同文馆学生太过年轻，于是委派老成之人带领。最终成员确定为由总理衙门副总办官斌椿为领队，同文馆学生凤仪、张德彝、彦慧等人作为随员一同随赫德前往。

1866 年 5 月使团到达法国马赛，正式开始了他们的访问之旅。随后，他们游历了法国、英国、荷兰、丹麦、瑞典、芬兰、俄国、普鲁士、汉诺威和比利时等 11 个国家。在游历期间，斌椿写了《乘槎笔记》，这本日记体著作虽然字数只有 2 万余字，但是却是中国近代知识分子最早亲历欧洲的实地记录。

清政府第二次正式派遣的观光和礼仪性使节，是由美国前驻华公使蒲安臣所率领的清朝代表团。蒲安臣于 1868 年解任归国，清政府此时正试图同列强进行《北京条约》的修订工作，于是委派蒲安臣率团前往与中国的签约国，办理同这些国家的交涉之事。同时奕䜣又任命英国翻译官柏卓安、海关税务司法人德善为左右协理，混合组团。为了牵制使团内部的外国人，清政府任命记名海关道志刚，礼部郎中孙家谷二人为办理中外交涉大臣，并破格赏加二品顶戴，以隆体制。同时委派同文馆学生六人及随从役事六七人一同前往。

访问团于 1868 年 2 月从上海出发，6 月抵达美国首都华盛顿，然后谒见约翰逊总统，呈递国书，并与国务卿西华德就修订条约展开谈判，最终于 7 月 28 日签订《中美续增条约》(亦称《蒲安臣条约》)。该条约作为《天津条约》的补充，进一步扩大了美国的在华权益。但有些条款也是对中国有利的。《中美续增条约》还强调了中国在"按约准各国商民在指定通商门岸及水路洋面贸易行走之处"拥有管辖地方、水面的权利；强调美国对中国内政没有要进行干预的意思。续约中的部分条款对列强瓜分中国起到了一定的抑制作用。

在访问美国后，使团于 1868 年 9 月 19 日又抵达欧洲，同欧洲诸国的交涉也收到一些效果。英国于同年 12 月 28 日发表了一个官方声明，表示英国政府无意干预中国主权，并将指示英国驻华官员遵照此原则办事。使团在访问了英国以后，又前往法国、丹麦、瑞典、荷兰、普鲁士、俄国等国考察游历，到彼得堡的时候已是 1870 年 2 月，蒲安臣因病在此去世。志刚等当即代表中国政府给予其妻子 6000 两作为治丧银。随后，北京政府为了表达蒲安臣生前对中国的帮助，又赏给其一万两白银，做为褒奖。

在处理完蒲安臣的丧事后，代表团继续访问。1870 年 4 月，使团从俄国返回比利时，经法国前往意大利和西班牙，8 月 11 日，取道法国启程回国，10 月 18 日返回上海。蒲安臣使团历时两年多访问欧美 11 个国家，对联络中国与欧美各国政府之间的关系，开阔中国人的眼界都有一定的益处。

在蒲安臣之后代表清政府出访的是 1870 年的三口通商大臣崇厚的赴法使团。该使团是因天津教案伤害了法国教民而专程前往法国道歉的。使团于 1871 年 1 月抵达法国马赛时正值普法战争打得激烈，巴黎被围，使团只能暂时停下。普法议和后，又值巴黎公社起义，法国内政混乱。使团经过半年交涉，也没有得到法国具体约定呈递国书的日期。崇厚被迫前往英美两国先行游历。直到 9 月才返回巴黎，法国政府又拖延了两个月后，崇厚终于将国书呈递给法国政府。12 月崇厚启程回国，于 1872 年 1 月 26 日抵达中国。

这三次重要的官方出使游历，都留下了一些游记著作，有斌椿的《乘槎笔记》、志刚的《初使泰西记》，还有同文馆学生张德彝的大量游记。

1887 年清政府同时派遣 12 名游历使分赴世界四大洲 20 多个国家考察，这是洋务运动时期规模最大的一次向外派遣观光使节活动。

1887 年 6 月，在同文馆进行了出国游历使选拔考试，这是中国近代史上第一次选拔出国游历官员的考试。考试的策论题目是"海防边防论"、"通商口岸记"、"铁道论"、"记明代以来与西洋各国交涉大略"等。最终有 28 人被录取，其中兵部郎中傅云龙名列第一。这些入选者都是科举正选出身，其中进士 9 人，监生 3 人。随后，总理衙门对这 28 人进行了面试，然后由皇帝亲自从中圈定了傅云龙等 12 人作为正式游历使。

1887 年 7 月，12 名游历使被分作五组派遣出洋。其中傅云龙、顾厚焜两人派往日本、美国、加拿大、秘鲁、古巴、巴西等六国游历；刘启彤、李瀛瑞等四人派往英国、法国及英法所属殖民地印度等国游历；李秉瑞、程绍祖两人前往德国、奥地利、荷兰、比利时、丹麦等国游历；缪佑孙、金鹏两人前往俄国游历；洪勋、徐宗培两人前往西班牙、葡萄牙、意大利、瑞典、挪威等国游历。游历行程涉及四大洲 21 个国家。

游历使游历了世界上 20 多个主要国家。以傅云龙、顾厚焜组为例，他们从上海出发，在日本考察六个月后，前往美国旧金山。在美国西海岸乘火车前往华盛顿。其后又从美国东北部乘火车到加拿大蒙特利尔和首都渥太华。然后返回美国从佛罗里达乘船赴古巴。在古巴游历后又相继游历了海地、多米尼加和中南美洲的哥伦比亚、巴拿马、厄瓜多尔、秘鲁等国。随后绕道智利、阿根廷、乌拉圭抵达巴西。在巴西游历后又返回美国，其后从东部乘火车至旧金山，又在日本考察五个月，最后才在 1889 年 11 月回到中国，游历考察 11 国，大大超过原计划中的国家数。其他各组访问游历的国家也都超过预定的计划。

1887 年清政府派遣海外游历使，可以称得上是 19 世纪中国人走向世界的一次盛举，促进了近代中外文化的交流。游历使们在海外最重要的工作是在各国游历考察并撰写调查报告。他们访问各国政府机关、议会团体，参观各类工矿企业、学校、教堂，考察港口、铁路、邮政，调查兵营、炮台、监狱，等等，并在这些第一手材料的基础上写出大量有价值的考察报告。对近代中国人认识世界、借鉴外国经验和探索改革之路都有所助益。

在洋务运动期间，除了创办同文馆培养新式人才、派遣留学生出洋学习技术和官方派遣使团考察各国的风土人情之外，中央和地方洋务派打着自强的旗号，率先以创办军事工业为中心，意在模仿西方军事技术以求自强。

1861年，两江总督曾国藩在安庆设立内军械所，被视为第一个洋务企业。随后又有一些军工厂设立，其中规模较大的主要有江南制造总局、金陵机器局、福州船政局和天津机器局，除福州船政局由左宗棠创办外，其余三个都在李鸿章的控制之下。与此同时，洋务派开始购买枪炮，并在天津、上海、广州、福州、武昌等地聘用外国军官，训练洋枪队；在各地创办军事工业，制造枪炮和舰船。太平天国失败后，洋务派军事工业继续扩大。1875年，清政府筹办海军。1876年，福建船政学堂又派遣学生分赴英、法等国学习海军。至1894年甲午战争爆发，洋务派共设立军工企业19个。

19世纪70年代，在求富的口号下，洋务运动向民用企业发展。主要以官办、官商合办和官督商办三种形式兴办了一批民用的工矿业和运输业。1885年，清政府设立海军衙门，由李鸿章主持。李鸿章扩展北洋舰队，使其成为当时中国最大的一支海军。

80年代至90年代，又出现了以张之洞为代表的洋务派势力。1889年，张之洞由两广总督调任湖广总督，并在湖北建立了枪炮厂、炼铁厂和织布局等新式企业。在这些企业中规模较大的主要有轮船招商局、开平煤矿、天津电报总局、上海机器织布局、漠河金矿、汉阳铁厂等。

至1894年，洋务派创办的资本在1万元以上的民用工矿企业有41家，其中官办15家，官商合办3家，官督商办23家。

洋务运动虽然在中日甲午战争后宣告失败，但是洋务运动的历史地位是不容抹杀的，洋务运动在中西交流中所起到的作用是巨大的，尤其是在引进西方先进的科技和文化方面。洋务运动同时也为中国近代化向纵深发展奠定了基础。如果没有洋务运动，就不会有中国资本主义一定程度的发展和中国资产阶级的产生，自然也不会有追求政治制度近代化的戊戌变法运动、立宪运动和辛亥革命，更遑论文化心理近代化的五四新文化运动。中国近代化一步步向纵深发展，没有洋务运动奠定基础显然是不可能的。

就在中国洋务运动如火如荼地展开时，英法等国并没有就此放弃对中国的渗透和入侵，在1883年和1888年，先后发生了中法战争和英国入侵西藏战争。

早在1873年，法国就开始了对越南的侵占，直到1882年，越南正式成为法国殖民地，法军随即骚扰中国边境。1884年5月，法国从海陆两路大举进攻中国，其海军舰队到达福建海域。8月23日，事先驶进福州马尾军港的法国舰队主力突然袭击泊于港内的福建海军。福建海军仓促应战，仅仅半个小时，福建海军军舰被击沉7艘，其余全部被毁，官兵死伤超过700人。

清政府随即对法宣战。老将冯子材临危受命，率军赶赴广西前线对法作战。1885年2月，法军兵分两路进攻镇南关，冯子材指挥军队进行激战，坚守关隘，法军久攻不入。两大后对法军发起总攻，取得镇南关大捷。

正当前线大捷之时，清廷却没有乘胜追击，反而下令停战撤军，并在6月与法国在天津签订了《中法新约》。条约的主要内容有：中国承认法国和越南签订的条约，即承认法国对于越南的殖民统治；在中越边境开埠通商；降低法国在云南和广西进出口货物的税率；允许法国在中国投资修筑铁路；法国撤走在澎湖和基隆的军队。《中法新约》不仅确立了法国在越南殖民统治的地位，而且中国的云南、广西也逐渐成为其势力范围。中法战争以中国不败而败，法国不胜而胜告终。

1888年2月19日，英军突然向西藏境内隆土山的藏军营房发动进攻。

藏军英勇抵抗，浴血奋战，捍卫疆土，最终因寡不敌众而退守亚东山谷，隆土山、亚东、郎热等要隘相继失守。此时的清政府一意妥协退让，无心恋战，先革职、再查办了驻藏大臣，又命驻藏帮办大臣升泰赴前线求和。英军首次侵藏战争结束。

1890 年，升泰与英印度总督兰斯顿经谈判，在加尔各答签订《中英会议藏印条约》，共计 8 款。主要内容包括：清廷承认哲孟雄（今锡金）归英国保护；重新划定中国和哲孟雄边界，英强占我隆土山、热纳一带地方。1890 年 12 月，又签订《中英会议藏印条约》的附加条款，亦称《藏印续约》或《藏印议订附约》。规定开放西藏之亚东为通商地点，准许英国派员驻守。自亚东开放之日起，五年内藏、印贸易互不收税。《中英会议藏印条约》及其续约的签订，标志着英国已经打开了西藏的门户。

甲午战争

随着南方朝贡国的丧失，中国北方主要的朝贡国朝鲜，也倍受冲击，崛起中的日本已经将侵略的触角伸向了落后的朝鲜。中国的邻国日本从中国与西方的战败中惊醒，在 19 世纪下半叶开始自上而下、具有资本主义性质的全面西化和现代化的明治维新改革运动。经过几十年的发展，日本已经从一个落后的封建国家，变成了一个新兴的充满侵略性的国家。

1874 年日本就曾经武力侵犯台湾。1879 年日本吞并了琉球国。之后日本就积极向朝鲜扩张，并企图对中国发动侵略战争。到 1893 年日本做好了武力吞并朝鲜的一切准备工作。而在国际社会，日本的侵略活动得到了美国和英国的支持，美国想利用日本成为其侵入朝鲜和中国的助手，而英国则将日本看做在远东牵制俄国的重要力量，因此英美都对日本势力向朝鲜和中国东北部发展采取鼓励的态度。

朝鲜在腐朽的封建王朝的统治下，国内阶级矛盾十分尖锐，同时，统治阶级内部的派系倾轧很厉害。日本侵略势力乘机在政治和经济上日益渗透到朝鲜内部。在 1885 年，李鸿章和日本首相伊藤博文在天津订立一个有关朝鲜的条约，规定以后遇有重大事件，向朝鲜派兵须互相通知。日本后来利用这个条约出兵朝鲜，发动了侵略朝鲜和中国的战争。

1894 年春，朝鲜南部爆发大规模的农民起义。日本政府认为这是发动侵略战争的时机，它先诱使清朝政府出兵朝鲜，表示希望清朝政府派兵帮助朝鲜平乱。此时中国也正好收到了朝鲜的请求，于是派直隶提督叶志超和太原镇总兵聂士成，率军 1500 人进驻朝鲜京城汉城以南的牙山。这时，日本军队以"保护"使馆和侨民为名派兵进入朝鲜，并迅速占领朝鲜京城汉城。

在朝鲜形势急剧恶化的情况下，清政府却将和平的希望寄托于英国和俄国的调停。就在清朝政府抱着避免战争的幻想时，日本在牙山口外海面上击沉了装载着增援牙山的中国军队的一艘英国商船，随船护航的北洋舰队的几只兵船，一艘被俘，一艘受重创，其中较强的一艘铁甲船在船长的命令下临阵脱逃，日本不宣而战了。

与此同时，日本陆军由汉城方面进攻清朝军队，聂士成所部在牙山附近的成欢驿与日军发生战斗，不敌后败退。驻扎公州的叶志超率部放弃阵地后逃至平壤。

在海上、陆上均遭到日本方面的袭击后，1894 年 8 月 1 日，清朝被迫下诏宣战。同一天，日本也正式宣战。

清朝政府从战争的一开始就处于被动。八月中旬，日本军队仅用万余人分路进攻朝鲜平壤城，驻守平壤的守将左宝贵在激战中牺牲，守将卫汝贵率部逃跑，守城统帅叶志超一看形势不利，马上命令各军弃城北走，一口气溃退到鸭绿江以北。九月下旬，日本军队渡鸭绿江攻入中国境内。守江的清朝军队近四万人，竟不战而退，日军在几天内占领了沿江的安东 (今丹东)、九连城等地，并且进驻凤凰城 (今凤城)。

李鸿章的北洋水师在黄海同日本进行了惨烈的海战。北洋水师从大连护航运兵到大东沟，在返航途中，遭遇日本舰队袭击。海战持续了一个下午，北洋海军参战的大小 13 艘船中，有两艘在战斗激烈时逃走，其中一般还撞沉了自己的一艘船，有 3 艘被敌人击沉，其余 7 艘，包括旗舰定远号，都遭到轻重不等的创伤。

黄海海战的失败把李鸿章吓破了胆，他命令舰队从此全部躲进威海卫港口内保存实力，等待战争结束。他不曾想到的是，就是这道龟缩避战的命令导致了北洋舰队悲惨的覆灭。

日本军队首先袭击了北洋舰队的一个基地旅顺港。在金州和旅顺、大连的大量清军都在将领的率领下相继放弃阵地，望风逃遁。因此敌军在攻占金州后，只用两天就占领了大连。在大连休整 10 天后再发动进攻，4 天后攻克旅顺。在整个战役中，只有总兵徐邦道所率的六个营在金州附近和在大连、旅顺间进行了顽强的抗击。

两个月以后，日军进攻山东的威海卫，并且做好了全歼北洋水师的军事准备。日本海军护送两万多兵力于威海卫以东的成山角登陆，登陆期间没有受到龟缩在威海卫的北洋水师的任何拦阻。登陆的日军 1 天后进兵，从后路攻占了威海卫港口南北两岸所有的炮台，并且用海军封锁了东西港口，港内的北洋舰队就成了瓮中之鳖，大势已去。

此时，威海卫口外的刘公岛还在清军手里，如果配合刘公岛上炮台的威力，港内的舰队全力冲击突围，也还是有可能突围的。但是军官们不敢下这决心。丁汝昌在绝望中服毒自杀，其他将领向敌人发出了由浩威起草的投降书。北洋舰队尚存的 11 艘兵船和刘公岛的炮台及一切军资器械，都在 1895 年 2 月全部完好无损地成了敌人的战利品。

渡过鸭绿江的日本军队进军辽阳。其间只有聂士成所部在凤城以北进行了顽强的抗击。日军在辽南先后攻占了海城和盖平，威胁辽阳和沈阳。在这种情况下，掌握朝廷大权的慈禧太后和李鸿章已经放弃反击，只想求和了。于是重新启用恭亲王奕䜣主持总理衙门，同英国和俄国公使接触，希望他们出面调停。

李鸿章被任命为全权大臣，到日本乞和。在 1895 年 4 月 17 日，在完全接受了日本提出的条件后，双方签订《马关条约》。条约的主要内容是：中国要把辽东半岛和台湾全岛及所有附属各岛屿（包括澎湖列岛）割让给日本，赔偿日本军费 2 万万两，添设湖北沙市、四川重庆、江苏苏州、浙江杭州为通商口岸。条约中还规定，日本人在中国通商口岸，任便从事各项工艺制造，并得将各项机器任便装运进口，日本在中国制造的货物享受与进口货物一样优待的权利。

其中割让辽东半岛一项，在条约签订 6 天后，因为受到俄、法、德三国的干涉，而最终没有实现。日本政府在归还辽东半岛的同时，又向中国索取了 5000 万两白银作为补偿。

这场战败无可否认地证明了中国洋务派的自强运动归于失败。这种外交、军事和技术的有限现代化努力，缺乏相应的体制和思想变革，无法振兴一个国家，并使之成为一个现代政权。中国的战败无疑暴露了清王朝的腐朽和无能，也招来了列强争相在华割占土地，外国列强将整个中国分割为各自的租借地和势力范围，帝国主义加紧扩张，使中国陷入了更严重的半殖民地状态。

三国干涉还辽后，西方列强加紧了在中国划分势力范围的步伐。德国强占胶州湾，并迫使中国政府将其租给德国，租期 99 年。俄国占领旅顺和大连，并获得了在东北修筑铁路的特权。在德国和俄国开始瓜分之后，割地狂潮迅速蔓延开来，英国租借威海卫，租期 25 年，租借九龙新界，租期 99 年；法国租借广州湾，租期 99 年，并且将云南和两广划为自己的势力范围。

清朝面临被分割的威胁，在这种危机中，中国思想界认识到，只有一场激进的改革，甚至是革命，才能挽救中国，一部分进步人士开始进行体制重组，而另一部分更加激进的进步人士则走上推翻清政府的革命道路。

义和团运动与清末变法

1895年4月，日本逼迫中国在日本马关签订《马关条约》的消息传到北京，康有为发动在北京应试的1300多名举人联名上书光绪皇帝，痛陈民族危亡的严峻形势，提出拒和、迁都、练兵、变法的主张。史称"公车上书"。这次上书，对清政府触动不大，却轰动了全国。"公车上书"揭开了维新变法的序幕。

为了把维新变法推向高潮，进步人士进行了一系列的准备活动。1895年8月，康有为、梁启超等人在北京出版《中外纪闻》，鼓吹变法；组织强学会。1896年8月，《时务报》在上海创刊，成为维新派宣传变法的舆论中心。1897年冬，严复在天津主编《国闻报》，成为与《时务报》齐名的在北方宣传维新变法的重要阵地。1898年2月，谭嗣同、唐才常等人在湖南成立强学会，创办《湘报》。

在康、梁等维新志士的宣传、组织和影响下，全国议论时政的风气逐渐形成。到1897年底，各地已建立以变法自强为宗旨的学会33个，出版报刊19种，新式学堂17所。到1898年，学会、报馆和学堂达300多个。1897年11月，德国强占胶州湾，法国强租广州湾，英国强租后来被称为新界的地区和威海卫，全国人心激愤，维新运动从理论宣传转到政治实践。12月，康有为第五次上书，陈述列强瓜分中国，形势迫在眉睫。1898年1

月 29 日，康有为上《应诏统筹全局折》，4 月，康有为、梁启超在北京成立保国会，为变法维新作最后的准备。

光绪皇帝虽然在 1887 年 17 岁时已在名义上亲政，但实权仍然是掌握在慈禧太后的手里。面对列强瓜分的危险，光绪于 1898 年（戊戌年）向慈禧要求实际的权力，让他进行朝政的改革。1898 年 6 月 8 日，徐致靖上呈由康有为代拟的《请明定国是疏》，请求光绪帝正式改变旧法，实施新政。上书后第三天，即 6 月 11 日，光绪帝发布《定国是诏》，变法从此正式开始。

6 月 16 日，光绪帝召见康有为，商讨变法具体步骤和措施。光绪帝根据康有为等人的建议，在百日维新期间颁布了几十道新政诏令。其中经济方面主要有：设立农工商总局，开垦荒地；提倡私人办实业，奖励发明创造；设立铁路、矿务总局，鼓励商办铁路、矿业；裁撤驿站，设立邮政局；改革财政，创办国家银行，编制国家预决算。军事方面主要有：严查保甲，实行团练；裁减绿营，淘汰冗兵，采用新法编练陆海军。文教方面主要有：改革科举制度，废除八股，改试策论；改书院为学堂；鼓励地方和私人办学，创设京师大学堂，各级学堂一律兼习中学和西学；准许民间创立报馆、学会；设立译书局，翻译外国新书；派人出国留学、游历。政治方面主要有：广开言路，准许各级官员及民众上书言事，严禁官吏阻拦；删改则例，撤销重叠闲散机构，裁汰冗员；取消旗人的寄生特权，准其自谋生计。

虽然光绪皇帝和康有为等人全力推行改革计划，但是却受到大多数中央和地方大员的抵制，除了湖南巡抚陈宝箴外，大多漠视或者延误改革法令。

慈禧太后本人只接受张之洞等人提出的保守性改革，她可以接受的只是不推翻基础制度或者不威胁她的权威的适度重组。但随着改革的推进，由于废除八股文、裁减机关冗员和三个巡抚的职位，以及大量地清除行政中的祖制和传统程序，使得慈禧太后警觉起来，她发现改革派正通过变法将她手中的权力夺走。

9月16日，光绪帝在颐和园召见统率北洋新军的直隶按察使袁世凯，面谈后升任他为侍郎候补。另一方面，直隶总督荣禄以英俄开战为由，将袁世凯紧急调回天津。谭嗣同于9月18日夜访袁世凯，透露出皇上希望袁世凯可以起兵勤王，诛杀荣禄及包围慈禧太后住的颐和园。两日后（9月20日），袁世凯回到天津，将谭嗣同的计划向荣禄报告。9月19日，慈禧太后回宫，9月21日临朝，宣布戒严，幽禁光绪帝，废除新政，搜捕维新党人。是为戊戌政变，结束了只有103天的维新。

维新党人中，康有为乘英国汽船逃离北京，梁启超逃入日本使馆。谭嗣同拒绝出走，表示："各国变法，无不从流血而成；今中国未闻有因变法而流血者，此国之所以不昌也。有之，请自嗣同始。"相继有数十人被捕，谭嗣同、杨锐、林旭、刘光第、杨深秀、康广仁等六人于9月28日被斩于菜市口，他们被后人称为"戊戌六君子"。徐致靖处以永远监禁；张荫桓发放新疆；唯一在地方彻底实施变法的湖南巡抚陈宝箴被革职，且永不叙用。所有新政，除京师大学堂和各地新式学堂被保留外，其余措施均被废止。

1898年戊戌政变翻转了整个权力结构，削弱了汉人激进派和温和派的势力，保守而又反动的官员占据了朝廷的要职。荣禄、裕禄和启秀进入军机处，顽固保守的军机大臣刚毅日益得到慈禧太后的宠信。这些保守落后的官员，对国际政治一无所知，他们拒绝用外交手段和各国互相和解，反而提倡一种顽固的抵制政策。在他们的影响下，慈禧太后也决定不再向外国列强作出更多的让步。与中央政府的这种决策遥相呼应的是地方社会上的排外情绪。

在中国土地上趾高气昂的外国公使、咄咄逼人的领事、气势汹汹的传教士和自私自利的商人，都伤害着民族的自豪感和自尊心。不公平的对待在普通民众和朝廷官员心中产生了强烈的报复欲，这种心态最终演变成了一场轰轰烈烈的排外运动。

19世纪末，西方传教士被准许在中国传教和成立教会。在治外法权之下，不单教会的西方神职人员不受清政府管辖，一般中国信徒也常获教会庇护。地方上，基督教会常常因为文化、风俗差异等方面的原因，与地方民众发生冲突。部分不良教民欺压当地民众，而地方政府却往往因为惧于教会的治外法权，而未能秉公处理。

19世纪90年代，德帝国主义积极向远东扩张，并竭力利用传教士为其侵略服务。曹州公众对德国传教士唆使教民欺压民众，素怀不满。1897年11月1日夜，大刀会成员到巨野县张家庄教堂，杀死在该堂留宿的德国圣言会传教士能方济和韩理。与此同时，寿张、济宁州县，亦发生毁堂、殴逐教士、教民事件。

案件发生后，清政府立即派司道大员前往查办。但德国于11月6日命令驻扎吴淞的德国海军提督棣利士率舰队开到胶州湾，占领要隘、城市及其他据点。11月10日，德驻华公使海靖向清政府提出六点无理要求，清政府全部接受，并签订《胶澳租界条约》。内容为：山东巡抚李秉衡撤职；赔偿教堂损失白银3000两，中方代建教堂3座（每座造价白银6.6万两），教士住宅7处（造价共白银2.4万两）；降谕保护德国教士；允许德国租借胶州湾99年，并享有修筑胶济铁路和开采沿线30里内矿产的特权。

外国的进占，更激发起山东各地的排外情绪。1898年3月，拳民活动在山东加剧。1899年，捐官出身的汉裔旗人毓贤出任山东巡抚，提出"民可用，团应抚，匪必剿"，对义和拳采用安抚的办法，将其招安，纳入民团。于是义和拳成了"义和团"，而口号亦由"反清复明"改成"扶清灭洋"。

义和团四处烧教会、杀教士；抵制所有外国事物。在义和团的积极排外下，外国人被称为"大毛子"，一律杀无赦。中国人如信奉天主教、基督教，通被称为"二毛子"；其他通洋学、懂洋语，以至用洋货者，被称"三毛子"以至"十毛子"等，轻则被殴辱抢劫，重则可能有杀身之祸。时人记载："若纸烟，若小眼镜，甚至洋伞、洋袜，用者辄置极刑。曾有学生六人仓皇避乱，因身边随带铅笔一支，洋纸一张，途遇团匪搜出，乱刀并下，皆死非命。"甚至有"一家有一枚火柴，而八口同戮者"。

到了1899年冬，山东肥城又接连发生英国圣公会传教士卜克斯被杀案件，在西方各国连续抗议后，毓贤被清廷免职。新任巡抚袁世凯带领北洋新军在山东大力镇压义和团。

毓贤离职后到北京觐见慈禧太后，向她提出招安义和团，之后获得调任山西巡抚。戊戌政变后完全控制朝廷的慈禧，对西方反对她废黜光绪帝感到十分不满。1900年1月，慈禧不顾西方外交人员的抗议，发布招安义和团的诏令。

直隶总督裕禄于是由剿灭义和团，转变成扶助义和团。除了向团民发放饷银外，裕禄还邀请义和团的首领大师兄到天津开坛聚众。于是山东的拳民涌入直隶，由天津至涿州、保定，都有拳民起坛请神、烧教堂、杀洋人，并到处毁坏铁路及电线杆等洋物。朝中庄亲王载勋、端郡王载漪、辅国公载澜亦主张安抚义和团，向洋人开战，事态进一步扩大。

5月28日，英国全权公使窦纳乐要求泊在大沽附近的17艘外国战船增援。337名外国水手及陆战队员当晚抵京，防卫使馆区。另外89名德国及奥国陆战队员也相继赶到。6月9日，慈禧调董福祥的武卫后军进城，驻扎在天坛和先农坛附近。次日端郡王载漪出任总理各国事务大臣。义和团拳民于此同时开始大举入京。最多时北京的拳民超过10万。是日起，北京外国使馆对外通讯断绝。

6月11日，日本驻华使馆书记杉山彬被刚调入京的清兵所杀，被开腹剖心。驻天津的各国领使组织2000人的联军，由英国的海军司令西摩尔带领，乘火车增援北京11国公使馆。因为铁路被拳民破坏，西摩尔受阻于天津城外的杨村、廊坊一带，与清兵及义和团展开战斗不利，退回城中，致使第一次试图解除清兵和义和团拳民对公使馆的围困失败。该战事被清政府及义和团认为是一次抗击外敌的重大胜利，并被命名为"廊坊大捷"。

6月13日，义和团进入内城，当天烧毁孝顺胡同亚斯立堂、双旗竿（今外交部街西口外）伦敦会、八面槽（王府井）天主教东堂、灯市口公理会、东四五条西口的美国福音堂、交道口二条长老会、鼓楼西鸦儿胡同长老会、西直门内天主教西堂、西四羊肉胡同基督教堂、石驸马桥安立甘会、宣武门内天主教南堂共11所教堂。有3200名天主教徒逃入天主教北堂，2000多名基督教徒逃入东交民巷的使馆区。

6月15日，军机处曾一度传旨，令在任两广总督李鸿章，及山东巡抚袁世凯速入京。拳民同时四处破坏教堂攻击教民，庄王府前大院被当成集体大屠杀的刑场。除了屠杀教民外，义和团更滥杀无辜，也有被公报私仇而杀者。义和团民的不同派别也互相武斗残杀。义和团及清军也掳掠洗劫商户平民，并将赃物公开拍卖。当时的权贵之家也不能幸免，如吏部尚书孙家鼐、大学士徐桐的家都被抢掠。

慈禧得到虚假情报，认为外国要求她归政于光绪。于是慈禧的态度发生了180度的转变，转为支持义和团并向洋人开战。6月20日，德国驻华公使克林德代表各国前去总理衙门要求保护，途中被清兵伏击，此事成为战争的导火线。

6月21日，清政府以光绪的名义，向英、美、法、德、意、日、俄、西、比、荷、奥十一国同时宣战。清廷向各国宣战的同时，也悬赏捕杀洋人，规定"杀一洋人赏五十两；洋妇四十两；洋孩三十两"。义和团及朝廷军队围攻各国在北京的使馆。

使馆区内被围人数约3000人，当中约2000人为寻求保护之华人，400人为外国男性平民，147名妇女及76名小童。另有士兵、水兵及陆战队共409人，武装有3挺机枪及四门小口径火炮。各国在准备以武力解救使馆的同时，各使馆筑起防御工事，由英国公使窦纳乐负责指挥抵抗。

由日本、美国、奥匈帝国、英国、法国、德国、意大利及俄国八国组成的约4.5万人的联军来到中国，八国联军侵华战争爆发。7月14日，联军占领了天津；直隶总督裕禄兵败后自杀。7月28日，主和的大臣许景澄及袁昶被清廷处死。8月4日，联军向北京进逼，沿途并没有遇到真正有力的抵抗。8月14日凌晨，联军来到北京城外，经两天的激战，到8月15日逐步攻占了北京各城门，随即与清军在京城各处展开巷战。次日晚，八国联军已基本占领北京全城。慈禧及皇室在北京陷落之后仓皇离开，逃到西安。

朝廷让时任两广总督的李鸿章北上料理局势，与列强寻求解决方案。最终联军内部经过激烈的争辩后，合议出一个包括12项条款的联合照会，最终同清政府签订了《辛丑条约》，条约大体内容：

1. 清政府赔款白银4.5亿两，分39年还清，年息4厘，本息共计9.8亿两，以海关税、常关税和盐税作担保。

2. 将北京东交民巷划定为使馆区，中国人不得居住，各国可派兵驻守。

3. 拆除大沽及有碍北京至海通道的所有炮台，列强可在自山海关至北京沿铁路的12个地方驻扎军队。

4. 永远禁止中国人民成立或加入任何"与诸国仇敌"的组织，

违者处死。各省官员必须保证外国人的安全，否则立予革职，永不录用。

5. 清政府分派亲王、大臣赴德、日两国表示"惋惜之意"，在德国公使克林德被杀之处建立牌坊。

6. 惩治附和过义和团的官员。

7. 将总理衙门改为外务部，班列六部之首，成为清政府与列强交涉的专门机构。

《辛丑条约》严重侵犯了中国的主权。4.5 亿两白银的赔款，加上 39 年每年 4% 的利息，总数是接近 10 亿两白银，如此大规模的资金外流，使中国的经济几乎瘫痪。北京外国公使馆从此组成了一个强有力的外交使团，干涉中国的内外政策，清朝的威望跌落谷底。

为了苟延残喘，清朝政府开始实行清末新政。但是新政计划本质上是一场没有什么内容，也不准备实行的闹剧，只有三项具体的改进，就是废除科举考试，建立现代学校和派留学生出国。

到 1905 年，清朝开始进行所谓的立宪改革。清朝政府也派出考察团去西方国家进行立宪考察。1908 年慈禧太后去世，立宪进程也在新任掌权者醇亲王载沣的支持下加快了。1910 年，醇亲王宣布，宪政筹备期从 9 年缩短到 6 年。在 1911 年组成了"皇族内阁"，这一内阁的成立，标志着立宪运动的彻底失败。

幻灭和失望导致了逐渐升级的反满情绪，并把公众的情感转向了革命派的事业，革命成了国家的唯一希望。孙中山提倡的武力推翻清朝统治，这个时候越来越多地得到认可和支持。封建专制的清王朝走到了终点，崇尚西学的革命派走到了历史的前台，他们凭借着全新的思想，为了中国走出奴役和压迫而战斗。

综观从 18 世纪到 20 世纪初的这近两百年的时间，强盛的清王朝以自诩的天朝上国的身份宣布禁教的那一刻起，就离世界前进的方向渐行渐远。从 1792 年英国马戛尔尼使团来华到鸦片战争这 40 多年，清朝以自己的傲慢和自大拒绝着西方的接触。西方在一点点地强大，而清朝正如马戛尔尼所预言的那样，一步步走向衰败，东西方的差距越来越大。

两次鸦片战争打开了中国的国门，西方的商品和技术大量涌入，让封闭已久的中国人眼界大开，在与西方的频繁接触中，掌握实权的地方大员如李鸿章、张之洞等，开始提倡洋务运动，将"师夷长技"推向了"中体西用"的新高度，也开始全面引进西方的先进科学技术和文化。在 30 余年的洋务运动后，清朝自认已经强大，有了西方先进的武器和战舰，却依旧在与新兴日本的交战中一败涂地。这也表明了腐朽的清王朝就算是拥有先进的武器也依旧无法改变其衰亡和腐败的实质。

在甲午战争之后，一批先进的知识分子试图通过效仿西方政治制度的改革，挽救衰亡的清王朝，可惜的是清王朝自己断送了这种尝试。在此之后，清王朝的命运就不可避免了，在一场与西方的军事冲突后，清廷彻底地沦为西方列强的傀儡。而一直接受西方思想洗礼的孙中山所领导的革命派也在这时敲响了清王朝灭亡的丧钟。